Le pouvoir étonnant du rangement

Infographie : Geneviève Nadeau
Correction : Odile Dallaserra

**Catalogage avant publication de Bibliothèque et
Archives nationales du Québec et Bibliothèque
et Archives Canada**

Kond, Marie
 [Jinsei ga tokimeku katazuke no mah. Français]
 Le pouvoir étonnant du rangement : désencom-
brer sa maison pour alléger sa vie
 Traduction de : The life-changing magic of tidy-
ing up.

 ISBN 978-2-7619-4226-3
 1. Travail domestique. 2. Économie domestique
. I. Titre. II. Titre : Jinsei ga tokimeku katazuke no
mah. Français.

TX321.K6614 2015   648   C2015-940412-6

DISTRIBUTEUR EXCLUSIF :
Pour le Canada et les États–Unis :
MESSAGERIES ADP inc.*
2315, rue de la Province
Longueuil, Québec J4G 1G4
Téléphone : 450–640–1237
Télécopieur : 450–674–6237
Internet : www.messageries–adp. com
* filiale du Groupe Sogides inc.,
 filiale de Québecor Média inc.

09-15

Imprimé au Canada

Dépôt légal : 2015
Bibliothèque et Archives nationales
du Québec

ISBN 978–2-7619- 4226-3

Gouvernement du Québec – Programme de crédit
d'impôt pour l'édition de livres – Gestion
SODEC –www.sodec.gouv.qc.ca

L'Éditeur bénéficie du soutien de la Société de
développement des entreprises culturelles du
Québec pour son programme d'édition.

 **Conseil des Arts   Canada Council
du Canada   for the Arts**

Nous remercions le Conseil des Arts du Canada de
l'aide accordée à notre programme de publication.

Nous reconnaissons l'aide financière du gouvernement du Canada par l'entremise du Fonds du livre
du Canada pour nos activités d'édition.

Le pouvoir étonnant du rangement

Désencombrer sa maison pour alléger sa vie

Marie Kondo

Traduit de l'anglais (Royaume-Uni) par Christophe Billon

LES ÉDITIONS DE
L'HOMME

Une société de Québecor Média

AVANT-PROPOS

Vous est-il déjà arrivé de vous évertuer à ranger votre maison ou votre bureau pour vous apercevoir très vite que le désordre régnait de nouveau ? Si la réponse est « oui », laissez-moi vous révéler mon secret en matière de rangement. Ce livre résume ma méthode pour mettre de l'ordre dans votre intérieur d'une manière qui va vous changer la vie. Impossible ? C'est ce que les gens disent souvent et ce n'est guère étonnant, puisque presque tout le monde a déjà subi un « effet rebond » au moins une fois, sinon à de nombreuses reprises, après avoir rangé son logis.

La méthode KonMari est simple, pertinente et efficace pour bannir à jamais le fouillis. Commencez par vous débarrasser des choses inutiles, puis organisez bien votre espace, une bonne fois pour toutes. Si vous adoptez cette stratégie, le désordre ne fera jamais son retour.

Bien que cette approche soit en contradiction avec la tradition populaire[1], tous ceux qui ont expérimenté la méthode KonMari sont parvenus à garder leur maison rangée et ont obtenu des résultats inattendus. Vivre dans une maison ordonnée influe de manière positive sur tous les autres aspects de votre vie, notamment professionnels et familiaux. Dans la mesure où j'ai consacré plus de 80 % de ma vie à ce thème, je *sais* que le rangement peut transformer votre existence.

Cela vous semble toujours trop beau pour être vrai ? Si votre conception du rangement consiste à décider un jour de vous débarrasser des objets inutiles ou de nettoyer petit à petit votre chambre, vous avez raison : l'influence sur votre vie sera quasiment nulle. En revanche, si vous modifiez votre approche, le rangement peut avoir un impact incommensurable. C'est en fait ce que signifie remettre en ordre sa maison.

J'ai commencé à lire des revues pour les ménagères alors que j'avais 5 ans. Et ce sont ces lectures qui m'ont incitée, à l'âge de 15 ans, à étudier sérieusement l'art du rangement à l'origine de la méthode KonMari (KonMari est mon surnom, issu de mon prénom et de mon nom). Je suis aujourd'hui consultante et je passe la plupart de mes journées à visiter maisons et bureaux et à donner des conseils pratiques à des personnes qui ont du mal à ranger, qui rangent mais sont ensuite victimes de l'effet rebond ou qui veulent s'y mettre mais ne savent pas par où commencer.

---

1. Note de l'éditeur : Conserver les souvenirs de nos ancêtres.

La quantité de choses jetées par mes clients, des vêtements aux coupures de presse, en passant par les photos, les stylos, les sous-vêtements et les produits de maquillage, dépasse largement le million. Et je n'exagère pas ! J'ai vu des particuliers jeter 200 sacs-poubelle de 45 litres en une seule fois.

Avec mon exploration de l'art de l'organisation et l'expérience que j'ai accumulée en aidant les personnes désorganisées à devenir ordonnées, je suis absolument certaine d'une chose : une réorganisation spectaculaire de la maison engendre des changements spectaculaires en termes de mode de vie et de vision de l'existence. Ça vous change littéralement la vie. Je ne plaisante pas ! Voici quelques témoignages parmi tous ceux que je reçois chaque jour d'anciens clients :

> « *Après avoir suivi votre cours, j'ai démissionné et je me suis mise à mon compte pour mener l'activité dont je rêvais depuis que j'étais toute petite.* »
>
> « *Votre cours m'a appris à considérer ce dont j'ai vraiment besoin et ce qui m'est inutile. J'ai donc divorcé et, depuis, je suis bien plus heureuse.* »
>
> « *Une personne que je souhaitais côtoyer m'a récemment contacté.* »
>
> « *Je suis ravie de vous informer que, depuis l'opération de nettoyage entreprise dans mon appartement, mon chiffre d'affaires a explosé.* »
>
> « *Mon mari et moi nous entendons bien mieux.* »

« Je n'en reviens pas de constater à quel point j'ai changé rien qu'en ayant jeté des choses. »
« J'ai enfin réussi à perdre trois kilos. »

Mes clients ont toujours l'air très heureux et les résultats obtenus montrent que le rangement a modifié leur mode de pensée et leur vision de la vie. En fait, ma méthode a changé leur avenir. Pourquoi ? Cette question est traitée plus en détail tout au long du présent ouvrage, mais, pour résumer, lorsque vous rangez votre maison, vous mettez également de l'ordre dans vos affaires et votre passé. Résultat, vous voyez très clairement ce dont vous avez besoin dans la vie, ainsi que le superflu, sans oublier ce que vous devez et ne devez pas faire.

Actuellement, je propose un cours sur la maison pour les particuliers et sur le bureau pour les chefs d'entreprise. Il s'agit chaque fois de leçons personnalisées, en face à face, mais je ne manque pas de clients. J'ai aujourd'hui une liste d'attente de trois mois et je reçois chaque jour des demandes de renseignements de personnes recommandées par d'anciens clients ou qui ont entendu parler de mon cours. Je me déplace d'un bout à l'autre du Japon et parfois à l'étranger. Les billets pour l'une de mes allocutions publiques à l'intention des ménagères et des mères de famille ont tous été vendus en une journée. Il y avait une liste d'attente, non seulement pour les places libérées par les désistements, mais également pour accéder à la liste d'attente proprement dite. Pourtant, mon taux de fidélisation est de zéro, caractéristique qui pourrait sembler fatale dans le domaine des affaires. Et si c'était en fait le secret de la popularité de mon approche?

Comme je l'ai dit au début de cet avant-propos, les personnes qui utilisent la méthode KonMari disent adieu au fouillis. Et puisqu'elles sont ensuite capables de maintenir l'ordre dans leur intérieur, elles n'ont pas besoin d'autres leçons. Il m'arrive de suivre mes anciens élèves. Dans presque tous les cas, non seulement leur maison ou bureau est toujours en ordre, mais ils continuent également à améliorer l'agencement de leur espace. Les photographies qu'ils m'envoient révèlent manifestement qu'ils ont moins d'effets personnels depuis la fin du cours et qu'ils ont fait l'acquisition de nouveaux rideaux et meubles. Ils ne sont entourés que d'éléments à leur goût.

Pourquoi mon cours transforme-t-il les gens? Parce que mon approche n'est pas une simple technique. Ranger est une série d'actions élémentaires consistant à déplacer des objets d'un endroit à un autre. Il s'agit de remettre les objets là où ils doivent se trouver. Cela semble enfantin, à la portée d'un enfant de 6 ans. Et pourtant, la plupart des gens en sont incapables. Peu de temps après une séance de rangement, leur intérieur est de nouveau sens dessus dessous. Ce n'est pas un manque de compétences, mais plutôt un défaut de lucidité et une incapacité à ranger de manière efficace. Autrement dit, l'origine du problème se situe dans leur tête, car le succès est conditionné à 90 % par l'état d'esprit. Pour quelques rares personnes, l'organisation de leur environnement est innée, mais pour la majorité, il faut prendre en compte cette dimension mentale, sous peine de voir inévitablement l'effet rebond se produire, même s'ils se débarrassent d'un tas de choses ou s'ils organisent judicieusement leur intérieur.

Alors, comment avoir le bon état d'esprit ? Il n'existe qu'un seul moyen, paradoxal : adopter la bonne technique. N'oubliez pas, la méthode KonMari décrite dans cet ouvrage n'est pas un simple ensemble de règles sur la façon de trier, organiser et ranger des choses. Il s'agit d'un guide permettant d'afficher le bon état d'esprit pour créer de l'ordre et devenir une personne ordonnée.

Je ne peux bien entendu pas affirmer que tous mes élèves cultivent l'art du rangement à la perfection. Malheureusement, certains ont dû cesser de suivre mon cours pour une raison ou pour une autre, notamment parce qu'ils pensaient que j'allais me charger de tout à leur place. En tant que professionnelle et fanatique de l'organisation, j'aurais beau mettre tout mon cœur pour organiser l'intérieur d'autrui, concevoir un système de rangement parfait, je ne pourrai jamais mettre de l'ordre dans sa maison au sens véritable du terme. Pourquoi ? Parce que la prise de conscience de la personne en question et sa perception de son mode de vie sont bien plus importantes que la faculté de trier ou stocker. L'ordre est intimement dépendant des valeurs tout à fait personnelles liées au mode de vie souhaité.

La plupart des gens préféreraient vivre dans un intérieur propre et rangé. Quiconque étant déjà parvenu à faire du rangement ne serait-ce qu'une fois voudrait bien que son espace demeure impeccable. Mais nombre de personnes jugent cela impossible. Ils expérimentent diverses approches mais constatent au final que la situation revient à la «normale». Je suis cependant absolument convaincue que tout le monde peut conserver un intérieur rangé.

Pour ce faire, il est essentiel de réévaluer minutieusement vos habitudes et principes en matière de rangement. La tâche peut vous paraître insurmontable, mais ne vous inquiétez pas : quand vous aurez terminé la lecture de ce livre, vous serez prêt à vous y mettre et vous serez motivé. Les gens me disent souvent : « Je suis par nature désordonné. Je n'y arriverai pas » ou : « Je n'ai pas le temps », mais ce n'est pas une tare héréditaire, ni une question de temps, mais bien plus l'accumulation d'idées reçues sur le rangement, telles que « Le mieux est de s'attaquer à une pièce à la fois », « Il est préférable d'en faire un peu chaque jour » ou encore « Les affaires doivent être rangées en fonction du plan de circulation dans l'espace ».

Au Japon, on pense par exemple que nettoyer sa chambre et avoir toujours des toilettes impeccables est source de chance, mais si votre maison est en désordre, astiquer la cuvette des toilettes aura un effet limité. Il en va de même pour la pratique du *feng shui*. Ce n'est qu'une fois votre maison en ordre que vos meubles et décorations prennent toute leur valeur.

Quand vous aurez fini de mettre de l'ordre dans votre maison, votre vie changera de manière spectaculaire. Lorsque vous saurez concrètement ce que représente le fait d'avoir une maison vraiment rangée, tout votre univers s'égayera. Le fouillis ne reviendra plus jamais polluer votre environnement. C'est ce que j'appelle la magie du rangement, dont les effets sont extraordinaires. Non seulement, vous ne serez plus jamais désordonné, mais ce changement marquera également un nouveau départ dans votre vie. C'est précisément cette magie que je souhaite partager avec un maximum de personnes.

CHAPITRE 1

POURQUOI MA MAISON NE RESTE-T-ELLE PAS RANGÉE ?

Vous ne pouvez pas ranger si vous n'avez jamais appris à le faire correctement

Quand je dis aux gens que mon métier est d'apprendre aux autres à ranger, ils me regardent généralement d'un air stupéfait. La première question qu'ils me posent, c'est: «Vous arrivez à en vivre?», suivie de: «Les gens ont besoin qu'on leur apprenne à ranger?»

En effet, s'il existe à l'école et dans les instituts de formation des cours portant sur toutes sortes de thèmes et disciplines, de la cuisine à la méditation, en passant par le jardinage et le yoga, vous aurez du mal à en trouver sur le rangement. On part généralement du principe que l'art du rangement s'acquiert naturellement. En cuisine, le tour de main et les recettes se transmettent de génération en génération, de la grand-mère à la mère, puis à la fille. Mais personne n'a jamais entendu parler de la transmission de recettes secrètes pour ranger, même au sein d'une famille.

Repensez à votre enfance. Je suis certaine que la plupart d'entre vous ont été réprimandés pour ne pas avoir rangé leur chambre. Mais combien de parents ont enseigné une méthode à leurs enfants ? Une étude sur le sujet a révélé que moins de 0,5 % ont répondu « oui » à la question « Avez-vous appris des règles de rangement ? » Nos parents exigeaient que nous rangions notre chambre, mais eux non plus n'ont jamais appris à le faire. En matière de rangement, tout le monde est autodidacte.

À la maison, mais également à l'école, le rangement ne fait pas l'objet d'une instruction proprement dite. Au Japon et de par le monde, les cours d'éducation domestique apprennent parfois aux enfants à faire une blanquette de veau ou à confectionner un tablier à l'aide d'une machine à coudre, mais, comparé à la cuisine et à la couture, le rangement est le parent pauvre de l'enseignement.

Manger, se vêtir et avoir un toit sont les besoins humains les plus élémentaires. Vous êtes donc en droit de penser que l'endroit où vous vivez est tout aussi important que ce que vous mangez et portez. Et pourtant, dans la plupart des sociétés, on ne tient absolument pas compte des tâches nécessaires pour qu'un foyer soit habitable. Pourquoi? Parce que l'on considère, à tort, que la capacité à ranger s'acquiert sur le tas et ne nécessite donc pas une formation spécifique.

Les gens qui rangent depuis plus de temps que les autres s'y prennent-ils mieux? La réponse est « non ». 25 % de mes élèves sont des femmes de plus de 50 ans et la plupart sont des femmes au foyer depuis près de 30 ans, ce qui en fait des personnes chevronnées. Mais sont-elles pour autant plus douées que les femmes de moins de 30 ans? On constate plutôt l'inverse. Nombre d'entre elles ont passé tellement d'années à appliquer des approches conventionnelles ne fonctionnant pas que leur intérieur regorge d'objets inutiles et qu'elles luttent pour contrôler leur fouillis avec des méthodes de stockage inefficaces. Comment attendre d'elles qu'elles sachent ranger alors qu'elles n'ont jamais appris à le faire correctement?

Si, vous aussi, vous ignorez comment bien ranger, ne cédez pas au découragement. Le moment est venu d'apprendre à le faire. Étudiez et mettez en pratique la méthode KonMari présentée dans ce livre et vous sortirez du cercle vicieux qu'est le fouillis récurrent.

Rangez correctement et
une bonne fois pour toutes

« Je me mets à ranger quand je prends conscience du désordre qui règne, mais, très vite, c'est de nouveau la pagaille. » Il s'agit là d'une plainte courante à laquelle les magazines se plaisent à répondre : « N'essayez pas de ranger toute votre maison en une seule fois, car vous risquez de subir l'effet rebond. Prenez l'habitude de procéder progressivement. Faites-en un peu chaque fois. » La première fois que j'ai entendu ce refrain, j'avais 5 ans. Deuxième d'une famille de trois enfants, j'ai été élevée en bénéficiant d'une grande liberté. Ma mère était occupée à prendre soin de ma sœur cadette encore bébé et mon frère, qui avait deux ans de plus que moi, passait son temps devant la télévision à jouer à des jeux vidéo. En conséquence, quand j'étais à la maison, j'étais seule dans mon coin la plupart du temps.

En grandissant, la lecture de magazines pour ménagères est devenue mon passe-temps favori. Ma mère s'est abonnée à *ESSE* – magazine d'art de vivre plein d'articles sur la décoration intérieure, la façon de simplifier les tâches ménagères et la présentation de produits. Dès que nous le recevions, je le récupérais dans la boîte aux lettres avant même que ma mère se soit rendu compte de sa livraison, j'ouvrais l'enveloppe à toute vitesse, puis je me plongeais dans la lecture. En revenant de l'école, j'aimais m'arrêter à la librairie pour feuilleter *Orange Page*, célèbre magazine de cuisine japonais. Je ne comprenais pas tous les mots, mais ces revues, avec des photos de plats délicieux, des astuces fantastiques pour enlever les taches, notamment de graisse, et les idées pour réaliser des économies, étaient à mes yeux aussi fascinantes que les jeux vidéo l'étaient pour mon frère. Je pliais le coin de la page qui m'intéressait et n'avais qu'une envie : mettre en application le conseil prodigué.

J'inventais également des jeux auxquels je pouvais jouer seule. Par exemple, un jour, après avoir lu une chronique sur les économies au quotidien, je me suis immédiatement lancée dans une mission d'« économie d'énergie » consistant à faire le tour de la maison pour débrancher les appareils qui n'étaient pas utilisés, même si je ne connaissais rien aux compteurs électriques. Après avoir lu une autre chronique, j'ai rempli d'eau des bouteilles en plastique, que j'ai ensuite placées dans le réservoir de la chasse d'eau des toilettes pour un petit concours d'économie personnel. Des articles sur le stockage m'ont donné l'idée de transformer des briques de lait en séparateurs pour mes tiroirs de bureau et de me confectionner un classeur en juxtaposant, entre deux meubles, des boîtes vides de cassettes vidéo couchées sur la tranche. À l'école, pendant que les autres élèves jouaient à se poursuivre ou à sauter à la corde, je m'éclipsais toujours afin de ranger les étagères de livres dans notre salle de classe ou de vérifier le contenu du placard à balais. Et je ne manquais pas de maugréer contre les méthodes de rangement employées. « Si seulement il y avait un crochet en S, ce serait bien plus commode. »

Mais un problème semblait insoluble : si j'avais fait beaucoup de rangement, c'était de nouveau très vite la pagaille partout. Dans le tiroir de mon bureau, les briques de lait faisant office de séparateurs débordaient de crayons. Le classeur constitué de boîtes de cassettes vidéo regorgeait tellement de lettres et de papiers qu'il y en avait même par terre. En matière de cuisine et de couture, le fait de pratiquer vous rapproche de la perfection, mais bien que le rangement soit une tâche ménagère, je n'avais pas l'impression de progresser, même si je m'y mettais souvent. Aucune pièce ne restait rangée longtemps.

« On n'y peut rien, me consolais-je. L'effet rebond est inévitable. Si je range tout d'un coup, c'est le découragement assuré. » J'avais lu cela dans de nombreux articles sur le rangement et je supposais que c'était vrai. Si je disposais d'une machine à remonter le temps, je reviendrais en arrière pour me dire : « C'est faux. Avec la bonne approche, l'effet rebond ne se produit jamais. »

La plupart des gens associent le mot « rebond » (ou « yoyo ») aux régimes alimentaires. Et pourtant, il est logique de l'employer pour le rangement, car des mesures soudaines et draconiennes pour éliminer le fouillis peuvent avoir le même effet qu'une diminution brutale de l'apport calorique — il peut se produire une amélioration à court terme, mais qui ne durera pas longtemps. Mais ne vous y trompez pas. Dès que vous commencez à bouger les meubles et à vous débarrasser de choses, votre pièce change d'allure. C'est très simple. Si vous fournissez un effort de mammouth pour remettre votre maison en ordre, vous aurez vraiment tout rangé. L'effet rebond se produit parce que les gens pensent, à tort, avoir fait preuve de minutie ; certes, ils ont trié et entreposé des choses, mais seulement à moitié. En vous y prenant correctement, vous serez capable d'avoir en permanence une maison rangée, même si vous êtes paresseux ou désordonné de nature.

Rangez un peu chaque jour et vous n'en finirez jamais de ranger

Quid de ce conseil prônant d'en faire un peu chaque jour ? Il semble certes convaincant, mais ne vous faites pas d'illusions. La raison pour laquelle vous n'avez jamais l'impression d'en finir tient précisément au fait que vous ne rangez qu'un peu à la fois.

Il est souvent extrêmement difficile de changer des habitudes ancrées depuis de nombreuses années. Si vous n'êtes jamais parvenu à garder votre maison rangée, prendre l'habitude d'en faire un peu chaque fois vous paraîtra une mission quasi impossible. On ne peut changer ses habitudes sans modifier d'abord son mode de pensée. Et ce n'est pas simple ! Après tout, il est plutôt ardu de contrôler notre pensée. Il existe néanmoins un moyen de transformer radicalement notre conception du rangement.

Le thème du rangement a attiré pour la première fois mon attention lorsque j'étais au collège. Je suis tombée sur un ouvrage de Nagisa Tatsumi intitulé *L'Art de jeter* (Takarajimasha,

Inc.), qui expliquait l'importance de se débarrasser de choses. Dans le train, en rentrant de l'école, je me suis plongée dans ce livre et j'ai découvert, intriguée, un sujet que je n'avais jamais rencontré. Je me souviens encore de l'excitation ressentie en lisant cet ouvrage. J'étais tellement absorbée que j'ai failli louper mon arrêt. Une fois à la maison, j'ai foncé dans ma chambre, armée de plusieurs sacs-poubelle. J'y suis restée cloîtrée plusieurs heures. La pièce avait beau être petite, lorsque j'ai eu terminé, j'avais rempli huit sacs de vêtements que je ne portais jamais, de livres datant de l'école élémentaire, de jouets avec lesquels je n'avais pas joué depuis des années, de mes collections de timbres et de gommes. J'avais même oublié l'existence de la plupart de ces objets. Je suis restée immobile, assise à même le sol pendant près d'une heure à fixer cette montagne de sacs en me demandant: «Pourquoi diable je me suis embêtée à garder tous ces trucs?»

Mais, ce qui m'a le plus surprise, c'est que ma chambre avait changé d'aspect. Au bout de quelques heures seulement, je pouvais voir des endroits du sol qui n'avaient jamais été dégagés auparavant. Ma chambre paraissait transformée et l'air y était tellement plus frais que j'avais même les idées plus claires. J'ai pris conscience que l'impact du rangement était bien plus important que ce que j'avais imaginé. Stupéfaite par l'ampleur du changement, j'ai détourné mon attention de la cuisine et de la couture, domaines que j'estimais fondamentaux en matière d'entretien de son intérieur, pour me concentrer sur l'art du rangement.

Le rangement produit des résultats visibles et ne ment jamais. Le véritable secret du succès est le suivant: si vous rangez tout en une seule fois, et non petit à petit, vous pouvez modifier de manière spectaculaire votre état d'esprit. Le changement opéré est si profond qu'il touche à vos émotions et influe irrésistiblement sur votre mode de pensée et vos habitudes au quotidien. Mes clients perdent l'habitude de ranger petit à petit. Tous n'ont plus connu la pagaille depuis qu'ils ont entamé leur marathon du rangement. Cette approche est primordiale pour éviter l'effet rebond.

Quand les gens se laissent de nouveau envahir par le désordre malgré leur investissement, la faute n'incombe pas à leur pièce ou à leurs effets personnels, mais à leur mode de pensée. Même s'ils se sentent inspirés au départ, ils luttent pour rester motivés et leurs efforts diminuent irrémédiablement parce qu'ils ne voient pas ou ne ressentent pas les effets de leur résolution. Voilà précisément pourquoi la réussite est conditionnée par l'obtention immédiate de résultats tangibles. Si vous utilisez la bonne méthode et que vous vous attachez à faire disparaître méticuleusement et complètement le bazar environnant, vous récolterez instantanément les fruits de votre opération, ce qui vous incitera par la suite à garder votre intérieur rangé. Tous ceux qui expérimentent ce processus, quel que soit leur tempérament, font le serment de ne plus jamais se laisser envahir par le désordre.

Visez la perfection

« Ne cherchez pas la perfection. Commencez doucement et jetez une chose par jour. » Quelles douces paroles pour apaiser ceux qui n'ont pas confiance en leur capacité à ranger ou qui croient ne pas avoir assez de temps pour mener correctement cette mission à bien ! Je suis tombée sur ce conseil lorsque je dévorais tous les ouvrages sur le rangement publiés au Japon et je me suis fait avoir – j'ai vraiment tout gobé. La dynamique engendrée par la révélation du pouvoir du rangement se mit à fléchir et le manque de résultats concrets et solides commença à me fatiguer. Ces mots semblaient sensés. Viser d'emblée la perfection paraissait mener au découragement. En outre, la perfection est prétendument inatteignable. En jetant une chose par jour, je pourrais me débarrasser de 365 objets en l'espace d'une année.

Convaincue d'avoir découvert une méthode très pratique, j'ai immédiatement suivi les instructions de ce livre. Un matin, j'ai ouvert mon dressing et me suis demandé ce que je pourrais bien jeter ce jour-là. Voyant un T-shirt que je ne portais plus, je l'ai mis dans un sac-poubelle. La nuit suivante, avant d'aller me coucher, j'ai ouvert le tiroir de mon bureau et je suis tombée sur un carnet qui me semblait plus adapté aux enfants. Je l'ai donc mis dans le sac-poubelle. Remarquant un bloc-notes dans le tiroir en question, je me suis dit : « Bah, je n'en ai plus besoin », mais alors que je m'apprêtais à le saisir pour m'en débarrasser, je me suis arrêtée et j'ai pensé : « Je le jetterai demain. » Et j'ai attendu le lendemain matin. Le jour suivant, j'ai complètement oublié de suivre la consigne et j'ai donc jeté deux objets le surlendemain…

À vrai dire, je n'ai pas tenu deux semaines. Je ne suis pas du genre à aimer travailler dur sur quelque chose, étape par étape. Pour les personnes comme moi faisant tout à la dernière minute afin de respecter un délai, cette approche ne fonctionne tout simplement pas. En outre, jeter un objet par jour ne compense pas le fait que j'achète plusieurs choses lorsque je fais les magasins. En fin de compte, le rythme auquel je me séparais de mes biens était bien plus lent que celui de mes achats. Résultat, mon intérieur demeurait en désordre. Très vite, j'ai complètement oublié de respecter la règle de jeter un objet chaque jour.

Par expérience, je peux donc affirmer que vous ne rangerez jamais votre maison si vous le faites sans conviction. Si, comme moi, vous n'êtes pas du genre persévérant et minutieux, je vous conseille de viser une bonne fois pour toutes la perfection. Vous serez peut-être nombreux à protester contre l'emploi du terme « perfection », en soutenant qu'il s'agit d'un objectif impossible à atteindre, mais ne vous inquiétez pas. Finalement, ranger est un acte physique. Le travail que cela implique peut facilement être divisé en deux : décider de jeter ou non quelque chose et décider où le mettre si vous le gardez. Si vous êtes capable de réaliser ces deux actions, vous pouvez alors atteindre la perfection. Les objets se comptent. Il suffit de considérer chaque objet l'un après l'autre, de décider de le garder ou non, puis de choisir l'endroit où le mettre. C'est tout ce qu'implique cette mission. Il n'est pas difficile

de ranger complètement et à la perfection en une seule four-
née. C'est en fait à la portée de tout le monde. Et c'est la seule
méthode qui permet d'éviter l'effet rebond.

Dès que vous commencez, votre vie redémarre à zéro

Vous est-il déjà arrivé d'être incapable de réviser la veille
d'un examen et d'être pris d'une frénésie de rangement? Je
l'avoue, j'ai connu ce phénomène. En fait, dans mon cas,
c'était régulier. Je prenais les piles de prospectus recouvrant
mon bureau et je les jetais à la poubelle. Puis, incapable de
m'arrêter, je m'attaquais aux manuels scolaires et papiers
jonchant le sol et je commençais à les classer dans ma bibliothèque. Finalement, j'ouvrais le tiroir de mon bureau et j'ali-
gnais soigneusement mes crayons et stylos. Le temps filait
ainsi très vite sans que je m'en aperçoive et il était déjà
2 h 30 du matin. Le sommeil me prenait, puis je me réveillais
en sursaut à 5 heures, complètement paniquée, j'ouvrais mon
livre et me mettais au boulot.

Je pensais être la seule à connaître cette frénésie de rangement avant un examen, mais je me suis aperçue que c'était
un phénomène courant après être tombée sur de nombreuses
autres personnes faisant la même chose. Sous pression, par
exemple juste avant un examen, beaucoup éprouvent une
forte envie de ranger. Mais celle-ci ne survient pas parce
qu'elles souhaitent ranger leur chambre, mais parce qu'il leur

faut mettre « autre chose » en ordre. Leur cerveau réclame à cor et à cri d'étudier, mais lorsqu'il remarque le fouillis, il pense : « Je dois ranger ma chambre. » Le fait que cette envie pressante de ranger perdure rarement une fois la crise terminée prouve que cette théorie est exacte. Une fois l'examen passé, la passion pour le rangement éprouvée la veille s'éteint et la vie reprend son cours normal. Toute pensée liée au rangement est chassée de l'esprit de la personne. Pourquoi ? Parce que le problème rencontré, à savoir la nécessité de réviser pour l'examen, a été solutionné.

Cela ne signifie pas pour autant que ranger votre chambre va vous apaiser. Bien que cela puisse contribuer à vous sentir temporairement revigoré, le soulagement ne durera pas parce que vous ne vous êtes pas attaqué à la véritable cause de votre anxiété. Si vous vous laissez tromper par le soulagement temporaire obtenu, vous n'identifierez jamais le besoin de ranger votre espace psychologique. C'était particulièrement vrai dans mon cas. Distraite par le « besoin » de ranger ma chambre, il me fallait tellement de temps pour me mettre à travailler que j'avais en permanence des notes horribles.

Imaginons une chambre en désordre. Elle ne se retrouve pas dans cet état par enchantement. C'est vous, la personne qui vit dedans, qui avez semé cette pagaille. Un adage dit qu'une pièce en désordre traduit un esprit dans le même état. C'est ainsi que je vois les choses. Lorsqu'une pièce est en désordre, la cause n'est pas simplement physique. Le fouillis visible nous éloigne de la véritable source du désordre. Semer la pagaille est vraiment un réflexe instinctif qui détourne notre attention du cœur du problème. Si vous ne parvenez pas à vous sentir détendu dans une pièce propre et rangée, essayez d'affronter votre sentiment d'anxiété. Cela pourrait vous éclairer sur ce qui vous tracasse réellement. Quand votre chambre est impeccable, vous n'avez d'autre choix que d'examiner votre état intérieur. Vous pouvez percevoir les soucis que vous vous efforciez d'éviter et êtes ainsi contraint de les traiter. Dès que vous commencez à ranger, vous êtes obligé de redémarrer à zéro. Résultat, votre vie commence alors à changer. Voilà pourquoi il faut remettre rapidement de l'ordre dans votre maison. Cela vous permettra d'affronter des problèmes réellement importants. L'acte de ranger n'est qu'un outil, et non pas la destination finale. Le véritable but doit être de déterminer le mode de vie que vous souhaitez une fois votre maison en ordre.

Les experts en stockage ne jettent rien

Quel est le premier problème qui vous vient à l'esprit lorsque vous pensez au rangement ? Pour bon nombre de personnes, la réponse à cette question est la manière de disposer les choses. Mes clients veulent souvent que je leur apprenne où mettre leurs affaires. Croyez-moi, je comprends, mais ce n'est malheureusement pas le cœur du problème. Le terme « disposition » renferme un traquenard. Quand on touche au thème de l'organisation et de l'agencement de vos effets personnels, ainsi qu'aux produits permettant de disposer intelligemment des objets, des expressions toutes faites rendant les choses très simples apparaissent : « organisez votre intérieur en un rien de temps », « rangez rapidement et facilement ». Opter pour la solution de facilité est humain et la plupart des gens se laissent tenter par des méthodes d'agencement et de stockage qui promettent monts et merveilles pour se débarrasser rapidement du fouillis. Je l'avoue volontiers, moi aussi, j'étais captivée par le « mythe de l'agencement ».

Passionnée de magazines pour ménagères depuis la maternelle, chaque fois que je lisais une astuce pour bien disposer les choses, il fallait que je la mette immédiatement en application. J'ai fabriqué des tiroirs à l'aide de boîtes de mouchoirs et cassé ma tirelire pour acheter de chouettes éléments de rangement. Au collège, quand je rentrais de l'école, je m'arrêtais dans un magasin de bricolage ou je feuilletais les magazines dans les kiosques à journaux afin de me renseigner sur les tout derniers produits commercialisés. Quand j'étais au lycée, un jour, j'ai même appelé un fabricant d'articles particulièrement fascinants et l'ai harcelé pour qu'il me raconte l'histoire de leur invention. J'employais consciencieusement ces éléments de rangement afin d'organiser mes affaires, puis j'admirais mon œuvre, satisfaite de la commodité que nous offrait désormais notre univers. Cette expérience me permet de pouvoir affirmer sincèrement que les méthodes de rangement ne permettent pas de faire disparaître le fouillis. Ce ne sont que des réponses superficielles.

Quand j'ai fini par revenir à la raison, j'ai constaté que ma chambre n'était toujours pas rangée, même si elle regorgeait de porte-documents, étagères, séparateurs pour tiroirs et autres éléments de rangement de toutes sortes. « Pourquoi ma chambre me paraît toujours autant en désordre alors que je me suis acharnée à bien organiser et disposer mes affaires ? » me suis-je demandé. Désespérée, j'ai regardé le contenu de chaque élément de rangement et soudain eu un éclair de lucidité. Je n'avais pas besoin de la plupart des objets qui étaient sous mes yeux. Je pensais avoir rangé, mais j'avais en fait simplement perdu mon temps à mettre tous ces trucs hors de ma vue, cachant dans un coin les choses dont je n'avais pas besoin. J'avais créé l'illusion d'un problème résolu. Mais, tôt ou tard, les éléments de rangement se retrouvent pleins, la chambre regorge de nouveau de tout un tas d'objets et une nouvelle méthode d'agencement « facile » s'avère nécessaire, créant ainsi une spirale infernale. Voilà pourquoi, avant de ranger, il faut d'abord jeter. Nous devons nous maîtriser et résister à l'envie de ranger nos affaires avant d'avoir fini d'identifier ce que nous souhaitons et avons besoin de garder.

Triez par catégories d'objets et non par pièces

Mon étude du rangement a débuté quand j'étais au collège et consistait essentiellement en du travail concret sur le terrain. Je m'occupais d'une pièce par jour — ma chambre, la chambre de mon frère, la chambre de ma sœur, la salle de bains. Chaque jour, je planifiais une pièce à ranger et me lançais dans des campagnes en solo qui ressemblaient aux soldes. « Le cinq de chaque mois est le "jour de la salle de séjour" ! » « Aujourd'hui, c'est le "jour du cellier" ! » « Demain, j'attaque les placards de la salle de bains ! »

J'ai perpétué cette coutume même après être entrée au lycée. Quand je rentrais chez moi, je me dirigeais vers la pièce que j'avais décidé de ranger ce jour-là avant même d'avoir ôté mon uniforme. Si mon objectif était les tiroirs en plastique du placard de la salle de bains, j'ouvrais les portes et je sortais tout de l'un des tiroirs (échantillons de maquillage, savons, brosses à dents et rasoirs). Puis je triais ces éléments par catégories, les rangeais chacun dans un séparateur, puis remettais le tout dans le tiroir. Enfin, j'admirais le résultat, avec tous ces objets bien classés et rangés, avant de passer au tiroir suivant. Je restais assise à même le sol pendant des heures à trier le contenu des placards jusqu'à ce que ma mère m'appelle pour le dîner.

Un jour, je triais le contenu d'un tiroir du placard de l'entrée quand je me suis interrompue, particulièrement surprise. « Ce doit être le tiroir que j'ai rangé hier », me suis-je dit. Ce n'était pas le cas, mais les objets qu'il renfermait étaient les mêmes — échantillons de maquillage, savons, brosses à dents et rasoirs. Je les ai triés par catégories, placés dans des boîtes, puis remis dans le tiroir comme je l'avais fait la veille. C'est à ce moment que cela m'a fait tilt : ranger endroit par endroit est une grave erreur. Je dois malheureusement avouer que j'ai mis trois ans à m'en apercevoir.

De nombreuses personnes sont surprises d'apprendre qu'une approche en apparence viable est en fait un piège courant. Le problème réside dans le fait que les gens entreposent souvent un type d'objet dans plusieurs endroits. En rangeant séparément chaque pièce, nous ne nous apercevons pas que nous répétons les mêmes tâches dans plusieurs endroits, devenant prisonniers d'un cercle vicieux. Pour éviter cela, je vous recommande de faire du rangement par catégories d'objets. Par exemple, au lieu de décider de ranger aujourd'hui telle pièce, fixez-vous par exemple l'objectif de vous occuper «des vêtements aujourd'hui et des livres demain». Une des raisons majeures pour lesquelles bon nombre de personnes ne parviennent pas à ranger efficacement, c'est qu'elles possèdent trop de choses, ignorant précisément l'éventail de leurs biens. Lorsque nous stockons un objet en particulier dans plusieurs endroits de la maison, et que nous procédons pièce par pièce, nous ne pouvons avoir une idée précise du volume global et ne parvenons donc jamais à en voir le bout. Pour échapper à cette spirale négative, rangez par catégories d'objets et non par endroits.

Ne choisissez pas une méthode en fonction de votre personnalité

Les livres sur le rangement et l'aménagement intérieur affirment souvent que la cause du désordre varie d'une personne à l'autre et qu'il faut donc trouver une méthode adaptée à son type de personnalité. De prime abord, l'argument paraît convaincant. «Voilà pourquoi je n'arrive pas à garder mon inté rieur rangé, pouvons-nous penser. La méthode que j'utilisais ne convenait pas à mon caractère.» Libre à nous de vérifier sur une grille la méthode qui fonctionne pour les gens paresseux, les gens très occupés, les gens difficiles et les gens faciles à vivre, puis de faire notre choix.

À un moment, j'ai exploré l'idée de classer les méthodes de rangement selon le type de tempérament. J'ai lu des livres de psychologie, interrogé mes clients sur leur groupe sanguin, le caractère de leurs parents, etc. Je me suis même penchée sur leur date de naissance. J'ai passé plus de cinq ans à analyser les résultats de mes recherches, en quête d'un principe général associé à la meilleure méthode pour chaque type de personnalité. Tout ce que j'ai trouvé, c'est qu'il n'y a aucune raison de modifier son approche en fonc- tion de sa personnalité. En matière de rangement, la majo- rité des personnes sont paresseuses. Elles sont également occupées. Quant au fait d'être difficile à satisfaire, tout le monde est exigeant dans certains domaines. Quand j'ai étudié les types de personnalité suggérés, je me suis aperçue que chaque type me correspondait. Alors, selon quels cri- tères devais-je classer les raisons pour lesquelles les gens étaient désordonnés?

J'ai l'habitude d'essayer de tout ranger dans des catégo- ries, probablement parce que j'ai passé énormément de temps à me demander comment organiser les choses. Quand j'ai démarré mon activité de consultante, je me suis évertuée à classer mes clients par catégories et à proposer des services différents pour chacune d'elles. Mais, rétrospectivement, je m'aperçois que j'avais une arrière-pensée. Je m'imaginais qu'une approche complexe regroupant différentes méthodes en fonction du type de caractère me ferait paraître plus professionnelle. Après y avoir soigneusement réfléchi, je suis cependant parvenue à la conclusion qu'il est bien plus logique de classer les personnes en fonction de leurs actes que par rapport à un type de personnalité.

Avec cette approche, les personnes incapables de garder un intérieur rangé peuvent se classer en trois grands types : « incapable de jeter », « incapable de remettre les choses à leur place » et « incapable de jeter et de remettre les choses à leur place ». En considérant mes clients, je me suis rendu compte que 90 % d'entre eux entraient dans la troisième catégorie — « incapable de jeter et de remettre les choses à leur place » — tandis que 10 % appartenaient à la catégorie « incapable de remettre les choses à leur place ». Je n'ai encore jamais rencontré de personne du type « incapable de jeter », probablement parce qu'un « collectionneur » se retrouve avec tant d'affaires que son espace est submergé. Quant aux 10 % qui savent jeter mais sont incapables de remettre les choses à leur place, lorsqu'ils se mettent sérieusement à faire du rangement, ils sont manifestement bien plus enclins à se débarrasser des choses, car ils se retrouvent à la fin avec au moins 30 sacs-poubelle remplis.

Je suis convaincue que, pour faire du rangement, il faut d'abord se séparer d'objets, quelle que soit sa personnalité. Quand mes clients saisissent ce principe, je n'ai pas besoin d'adapter le contenu de mon cours à leur tempérament. J'enseigne la même approche à tout le monde. Mon mode de communication et la façon dont chaque client met en pratique mes conseils diffèrent naturellement, car chaque individu est unique, tout comme l'agencement de son intérieur. Pour ranger efficacement, deux actions essentielles s'imposent : jeter et décider où mettre les choses conservées. Des deux, jeter vient en premier. Ce principe ne change pas. Le reste dépend du degré de rangement que vous souhaitez atteindre.

Faites de la séance de rangement un événement spécial

Je commence mon cours en disant ceci : ranger est un événement spécial. Ne le faites pas chaque jour. Cette remarque engendre souvent un instant de stupeur. Pourtant, je le répète : il ne faut ranger qu'une seule fois. Pour être plus précise, vous devez vous livrer à cette séance de rangement une bonne fois pour toutes et d'un seul coup.

Si vous considérez le rangement comme une corvée interminable à répéter chaque jour, vous vous trompez complètement. Il existe deux types de rangement : « le rangement quotidien » et « la séance spéciale ». Le rangement quotidien, qui consiste à remettre à sa place l'objet que vous avez utilisé, fera toujours partie de notre vie car nous nous servons de vêtements, de livres, de fournitures pour écrire, etc. Mais le présent ouvrage a pour objectif de vous inciter à vous attaquer à la séance de rangement spéciale, à savoir remettre dès que possible votre maison en ordre.

En menant à son terme cette mission à ne réaliser qu'une seule et unique fois, vous vous offrirez le mode de vie auquel vous aspirez et serez capable de profiter de l'intérieur impeccable de votre choix. Êtes-vous en mesure de jurer, la main sur le cœur, que vous êtes heureux d'être entouré de tant de choses au point d'être incapable d'en dresser la liste complète ? La plupart des gens ont terriblement besoin de mettre leur logement en ordre. Malheureusement, la majorité ne considère pas cette mission comme une « séance spéciale » mais se contente d'attribuer à certaines pièces le rôle d'entrepôts. Ils peuvent se démener pendant des décennies à garder leur intérieur en ordre en rangeant tous les jours.

Croyez-moi, tant que vous n'aurez pas transformé vos séances quotidiennes de rangement en événement spécial et unique dans une vie, vos efforts seront voués à l'échec. En revanche, une fois votre logement en ordre, le rangement se résumera ensuite à remettre à leur place les objets que vous venez d'utiliser. Cela deviendra alors une habitude inconsciente, un réflexe. J'emploie le terme « événement spécial » parce qu'il est vital de s'attaquer à cette mission en un laps de temps court, pendant que vous êtes encore enthousiaste et plein d'énergie.

Vous craignez peut-être qu'une fois l'événement spécial terminé, votre intérieur se retrouve de nouveau en désordre. Si vous êtes un acheteur frénétique, vous voyez déjà vos affaires s'empiler de nouveau ? Je suis bien consciente que c'est difficile à croire si vous n'avez jamais expérimenté cette méthode, mais une fois cette séance de rangement spectaculaire terminée, vous n'aurez aucun mal à remettre les choses à leur place ou à décider où ranger de nouveaux objets. Aussi incroyable que cela puisse paraître, il vous suffit de connaître une seule fois l'ordre parfait afin de conserver votre logement en l'état. Prenez simplement le temps de vous poser afin d'examiner chacun de vos biens, de décider si vous souhaitez le garder ou le jeter, puis de choisir où entreposer les affaires qui vous tiennent à cœur.

Vous êtes-vous déjà dit : « Je ne sais tout simplement pas ranger » ou : « Pas la peine d'essayer, je suis né désordonné » ? De nombreuses personnes affichent ainsi une image de soi négative pendant des années, qui se trouve balayée dès l'instant où elles se retrouvent dans leur intérieur impeccable. Ce changement spectaculaire en termes de représentation de soi – croire que vous pouvez faire toutes sortes de choses en le voulant vraiment – transforme comportement et mode de vie. Voilà précisément pourquoi mes élèves ne reviennent jamais dans mon cours. Une fois ressenti le profond impact provoqué par un intérieur parfaitement rangé, vous non plus ne sèmerez plus jamais la pagaille. Oui, j'ai bien dit VOUS !

Cela peut vous paraître trop difficile, mais je vous l'assure en toute sincérité : c'est simple. Lorsque vous rangez, vous gérez des objets, par définition faciles à jeter ou à déplacer. C'est à la portée de tout le monde. Votre but est très clair. Quand vous aurez tout mis à sa place, cela signifiera que vous avez franchi la ligne d'arrivée. Contrairement au travail, aux études ou au sport, nul besoin de comparer vos performances à celles d'autrui. La norme, c'est vous ! Mieux encore, la qualité la plus difficile à entretenir, la persévérance, est totalement inutile. Vous n'avez qu'à décider, une bonne fois pour toutes, où mettre les choses.

Je ne range jamais ma chambre. Pourquoi ? Parce qu'elle est déjà rangée. Le seul rangement auquel je procède intervient une, voire deux fois par an. Et cela ne me prend qu'une heure. J'ai du mal à croire que je consacrais auparavant tant de jours au rangement sans percevoir de résultats tangibles et permanents. Maintenant, je suis heureuse. Quels merveilleux moments je passe à profiter de mon intérieur très calme, où même l'air est frais et bon pour la santé, à siroter une tisane en pensant à ma journée. Quand je balaie mon logement du regard, je tombe sur une toile que j'adore, achetée à l'étranger, et, dans un coin, sur un vase rempli de fleurs coupées. Bien qu'il ne soit pas très grand, mon intérieur n'est embelli que de choses chères à mon cœur. Mon mode de vie m'apporte de la joie.

Vous n'aimeriez pas vivre ainsi ?

C'est facile, à partir du moment où vous savez comment mettre réellement en ordre votre maison.

CHAPITRE 2

COMMENCER PAR JETER

Commencez par jeter, en une seule fois

Vous pensez avoir rangé votre intérieur à la perfection, mais, au bout de quelques jours, vous remarquez que le fouillis est de nouveau en train de coloniser votre chambre. Au fil du temps, vous accumulez des choses et, avant d'avoir pu dire «ouf», votre intérieur est de nouveau dans l'état où il était avant. Cet effet rebond est dû à l'emploi de méthodes inefficaces qui ne font les choses qu'à moitié. Comme je l'ai déjà mentionné, il n'existe qu'une manière d'échapper à cette spirale négative : ranger efficacement en une seule fois, le plus vite possible, afin de créer l'environnement sans fouillis idéal. Mais en quoi cela permet-il d'avoir le bon état d'esprit ?

Lorsque vous rangez votre intérieur de fond en comble, vous transformez votre environnement. Ce changement est si profond que vous avez ensuite l'impression de vivre dans un monde totalement différent. Cela influe profondément sur votre état d'esprit et déclenche une réelle aversion pour un éventuel retour dans votre précédent univers, synonyme de pagaille. La clé est d'opérer soudainement ce changement afin d'induire une perception totalement différente. Si le processus est progressif, l'impact sera moins important.

Pour réaliser un changement soudain, vous devez employer la méthode de rangement la plus efficace qui existe, sous peine de n'avoir réalisé aucun progrès au bout de la journée. Plus l'opération prend de temps, plus vous fatiguez et plus vous risquez d'abandonner à mi-chemin. Si vos affaires s'entassent de nouveau, vous serez pris dans une spirale négative. Par expérience, il ne faut que six mois. Cela peut sembler long, mais ce ne sont que six mois dans toute une vie. Une fois le processus terminé et que vous savez ce que cela fait de vivre dans un logement totalement rangé, vous êtes à jamais libéré du préjugé erroné selon lequel vous êtes nul en rangement.

Pour des résultats optimaux, je vous demanderai de respecter à la lettre la règle suivante : ranger dans l'ordre idéal. Comme nous l'avons vu, le processus ne comprend que deux tâches — jeter et décider où mettre les choses que vous gardez. Mais vous devez d'abord commencer par jeter les choses dont vous ne voulez plus. Veillez à terminer la première tâche avant d'entamer la seconde. Ne pensez même pas à ranger avant d'avoir fini de jeter. C'est parce qu'elles ne procèdent pas dans cet ordre que de nombreuses personnes n'effectuent aucun progrès définitif. Alors qu'elles sont en train de faire le vide, elles commencent à réfléchir aux endroits où entreposer les choses. Dès qu'elles se disent : « Je me demande si ça va tenir dans ce tiroir », la phase « poubelle » s'interrompt. Vous ne pouvez réfléchir où mettre vos affaires qu'une fois que vous vous êtes débarrassé des objets devenus inutiles.

En bref, le secret du succès est de ranger d'un seul coup, complètement et aussi vite que possible, en commençant par jeter.

Avant de démarrer, visualisez votre destination

Vous comprenez maintenant pourquoi il est crucial de jeter avant de penser à l'endroit où entreposer les objets que vous souhaitez garder. Mais vous mettre à jeter sans un minimum de réflexion préalable serait foncer droit dans le mur. Commencez donc par identifier votre objectif. Il existe bien une raison pour laquelle vous vous êtes procuré ce livre. Qu'est-ce qui vous pousse à ranger ? Qu'espérez-vous y gagner ?

Avant de faire le vide, prenez le temps de réfléchir à votre but ultime. Cela signifie visualiser le mode de vie idéal dont vous rêvez. Si vous sautez cette étape, vous allez non seulement retarder l'exécution de tout le processus, mais également vous exposer aux affres de l'effet rebond. Des objectifs tels que « Je veux vivre sans pagaille » ou « Je veux être capable de ranger les choses » ne sont pas assez précis. Vous devez approfondir votre réflexion, la rendre concrète afin de visualiser très nettement ce que représenterait le fait de vivre dans un environnement sans aucun fouillis.

Une cliente âgée d'une vingtaine d'années définissait son rêve comme « un style de vie plus féminin ». Elle vivait dans une « chambre de sept tapis » — au Japon, ce genre de pièce comprend sept tatamis et fait donc environ 3 mètres sur 4 — avec un placard intégré et trois lots d'étagères de différentes tailles. Cet espace aurait dû suffire pour entreposer ses affaires, mais je voyais partout le désordre. Le placard était tellement rempli que les portes ne fermaient plus et des vêtements sortaient des tiroirs situés à l'intérieur, comme la garniture d'un hamburger. Il y avait tellement de vêtements accrochés à la tringle à rideau… que le rideau était superflu. Le sol et le lit étaient recouverts de paniers et de sacs remplis de magazines et de papiers. Lorsque ma cliente allait se coucher, elle déplaçait par terre les choses posées sur son lit, puis quand elle se levait, elle les remettait sur le lit afin de se frayer un chemin jusqu'à la porte pour partir travailler. Il fallait vraiment beaucoup d'imagination pour y voir un mode de vie féminin.

« Qu'entendez-vous par "style de vie féminin"? » lui ai-je demandé. Elle a réfléchi pendant un long moment, avant de répondre : « Eh bien, en rentrant du travail, il n'y aurait plus de fouillis par terre… et ma chambre serait aussi rangée que la suite d'un hôtel, sans rien pour obstruer la vue. J'aurais un dessus-de-lit rose et une vieille lampe blanche. Avant de me coucher, je prendrais un bain, je ferais brûler des huiles aromatiques et j'écouterais de la musique classique, du piano ou du violon, tout en faisant du yoga et en buvant une tisane. Je m'endormirais avec un sentiment de grandeur paisible. »

Sa description était aussi nette que si elle vivait déjà dans cet environnement. Lorsque vous visualisez votre mode de vie idéal, il est important de parvenir à ce degré de détail et de prendre des notes. Si vous trouvez cela difficile et vous ne parvenez pas à vous représenter le type de vie rêvé, essayez de feuilleter des revues de décoration intérieure, à la recherche de photos qui vous parleront. La visite de maisons témoins peut également aider, en vous donnant une idée plus précise de vos goûts. Au fait, la cliente dont je parle ci-dessus aime l'aromathérapie après le bain, la musique classique et le yoga. Libérée des affres du désordre, elle est parvenue à trouver le style de vie féminin auquel elle aspirait.

Maintenant que vous êtes capable de vous représenter le mode de vie de vos rêves, le moment est-il venu de commencer à jeter des choses ? Non, pas encore. Je comprends votre impatience, mais pour éviter l'effet rebond, vous devez vous lancer correctement dans cet « événement de toute une vie », en procédant pas à pas. La prochaine étape est de savoir pourquoi vous souhaitez vivre de cette manière. Replongez-vous dans vos notes sur le style de vie souhaité et poursuivez votre réflexion. Pourquoi voulez-vous vous adonner à l'aromathérapie avant de vous coucher ? Pourquoi tenez-vous à écouter de la musique classique pendant votre yoga? Si les réponses sont « parce que je veux me détendre avant d'aller au lit » et « je veux faire du yoga pour perdre du poids », demandez-vous pourquoi vous voulez vous détendre et perdre du poids. Vous répondrez peut-être : « Je ne veux pas partir au travail fatiguée le lendemain » et : « Je veux faire un régime pour être plus belle. » Demandez-vous de nouveau « pourquoi ? » à chaque réponse. Répétez ce processus entre trois et cinq fois pour chaque élément.

En continuant d'explorer les motivations derrière votre mode de vie idéal, vous prendrez conscience d'un concept très simple. Jeter et garder des choses n'ont qu'un seul but : vous rendre heureux. Cela peut sembler évident, mais cette prise de conscience est importante et vous devez la laisser pénétrer tout votre être. Avant de commencer à ranger, penchez-vous sur le style de vie auquel vous aspirez et demandez-vous : « Pourquoi est-ce que je souhaite faire du rangement ? » Quand vous aurez trouvé la réponse, vous serez prêt à passer à l'étape suivante : faire un tour d'horizon de ce que vous possédez.

Comment faire son choix : est-ce que cet objet vous met en joie ?

Quel critère utiliser pour décider quoi jeter ?

Quand il s'agit de faire du vide, plusieurs raisons courantes entrent en ligne de compte. L'une d'elles est quand l'objet cesse de fonctionner, par exemple, quand il est cassé et ne peut être réparé ou quand une pièce rend l'âme. Une autre consiste à vous débarrasser de choses qui ne sont plus au goût du jour, comme des vêtements passés de mode ou des objets liés à un événement passé. Il est facile de se débarrasser de choses quand la raison pour le faire saute aux yeux. Mais c'est une autre histoire quand il n'existe aucun intérêt particulier. Différents spécialistes ont proposé des critères pour jeter les objets dont les gens ont du mal à se séparer. Ils incluent notamment la règle suivante : « Jetez tout ce que vous n'avez pas utilisé depuis un an » et : « Si vous ne parvenez pas à vous décider, mettez ces objets dans un carton, puis ouvrez ce carton et regardez les objets en question dans six mois. » Cependant, lorsque vous commencez à penser à *la façon* de vous débarrasser d'objets, vous faites déjà fausse route. À ce stade, il est alors extrêmement risqué de continuer à faire du rangement.

À une époque de ma vie, j'étais une sorte de « broyeuse d'ordures ». Après avoir découvert l'ouvrage *L'Art de jeter*, à l'âge de 15 ans, je me focalisais sur la façon de me débarrasser des choses et ma quête a pris beaucoup d'ampleur. J'étais sans cesse à la recherche de nouveaux endroits où m'entraîner, par exemple la chambre de mes frère et sœur ou l'entrepôt de l'école. J'avais la tête pleine de conseils de rangement et une confiance totale, mais erronée, en ma capacité à ranger n'importe quel endroit.

À l'époque, j'avais pour objectif de me débarrasser d'un maximum de choses. J'appliquais tous les critères suggérés par les différents livres que je lisais sur la façon de faire le vide. J'ai essayé de me séparer des vêtements que je n'avais pas portés depuis deux ans, de jeter un objet chaque fois que j'en achetais un neuf et de me débarrasser de tout ce que je n'étais pas certaine de vouloir garder. J'ai ainsi mis à la benne 30 sacs-poubelle en un mois. Mais j'avais beau jeter à tour de bras, aucune pièce de ma maison ne semblait pour autant plus rangée.

En fait, je me suis surprise à faire les boutiques uniquement pour diminuer mon stress. Je ne parvenais donc malheureusement pas à diminuer le volume total de tout ce que je possédais. À la maison, j'étais sans cesse tendue, constamment sur le qui-vive, à la recherche d'objets superflus susceptibles d'être jetés. Quand je trouvais quelque chose dont je ne me servais plus, je me précipitais dessus d'un air vengeur et je le mettais à la poubelle. Il n'est pas étonnant que je sois devenue irritable et nerveuse, dans l'incapacité de me détendre, même dans ma maison.

Un jour, après l'école, j'ai ouvert la porte de ma chambre afin de me mettre à ranger, comme d'habitude. En voyant cette pièce en désordre, j'ai perdu pied. J'ai hurlé: «Je ne veux plus ranger!» Je me suis assise au milieu de ma chambre et j'ai commencé à réfléchir. Cela faisait trois ans que je rangeais et jetais des choses, mais ma chambre paraissait toujours autant en désordre. *Quelqu'un pourrait me dire pourquoi ma chambre est en désordre malgré tout le mal que je me donne?* Si je n'ai pas dit ça à voix haute, c'était presque un hurlement intérieur. C'est là que j'ai entendu une voix.

«Regarde de plus près ce qu'il y a dans cette pièce.»

Qu'est-ce que tu veux dire par là ? Chaque jour, je regarde tellement toutes ces choses que je pourrais voir à travers. Je me suis très vite endormie à même le sol avec cette idée en tête. Si j'avais été un peu plus intelligente, j'aurais pris conscience, avant d'avoir atteint une telle névrose, que se focaliser uniquement sur les choses à jeter ne peut rendre heureux. Pourquoi ? Parce que nous devons choisir les biens que nous souhaitons garder et non ceux dont nous voulons nous débarrasser.

Quand je me suis réveillée, j'ai su immédiatement ce que cette voix intérieure voulait dire. *Regarde de plus près ce qu'il y a dans cette pièce.* J'étais tellement obnubilée par ce que je devais jeter, décidée à m'attaquer aux obstacles de mon environnement, que j'avais oublié de chérir les biens qui me tenaient à cœur, les choses que je souhaitais garder. Cette expérience m'a permis de conclure que le meilleur moyen de choisir les affaires à garder et celles à jeter était de prendre chaque objet dans sa main et de se demander : « Est-ce que cet objet me met en joie ? » Si la réponse est « oui », gardez-le. Si ce n'est pas le cas, jetez-le. Ce critère est non seulement le plus simple, mais également le plus précis.

Vous avez peut-être des doutes quant à l'efficacité d'un critère aussi vague, mais l'astuce consiste à prendre chaque objet dans votre main. Ne vous contentez pas d'ouvrir les portes de votre dressing, puis de décider, après un rapide coup d'œil, que tout ce qu'il contient vous procure une émotion. Vous devez toucher chaque vêtement, car votre corps va alors réagir, d'une manière différente chaque fois. Faites-moi confiance, essayez.

Je n'ai pas choisi ce critère au hasard. Après tout, pourquoi fait-on du rangement si ce n'est parce que notre intérieur et les choses qu'il contient peuvent nous donner du bonheur ? Par conséquent, le meilleur critère pour choisir quoi garder et quoi jeter est de savoir ce qui vous rend heureux, vous procure de la joie.

Êtes-vous heureux de porter des vêtements qui ne vous procurent aucun plaisir ?

Est-ce que cela vous fait plaisir d'être entouré de piles de livres que vous n'avez pas lus et qui ne sont pas chers à votre cœur ?

Pensez-vous que posséder des accessoires dont vous savez pertinemment qu'ils ne vous serviront jamais vous rend heureux ?

La réponse à ces questions doit être « non ».

Imaginez-vous maintenant dans un intérieur ne comprenant que des objets vous mettant en joie. Est-ce le mode de vie dont vous rêvez ?

Ne gardez que les choses qui vous touchent. Sautez ensuite le pas et jetez tout le reste. Vous redémarrerez à zéro dans un nouveau mode de vie.

Une catégorie à la fois

Décider quels objets garder en fonction de la joie qu'ils vous procurent est l'étape la plus importante du processus de rangement. Mais quelles sont concrètement les étapes pour éliminer efficacement le superflu ?

Je vais d'abord vous indiquer ce qu'il ne faut pas faire. Ne commencez pas à faire le tri et à jeter pièce par pièce. Ne pensez pas : « Je vais d'abord ranger la chambre, puis je passerai au salon » ou : « Je vais faire tous les tiroirs en commençant par celui du haut. » Cette approche est néfaste. Pourquoi ? Parce que, comme nous l'avons vu précédemment, la plupart des gens ne se donnent pas la peine de ranger un type d'objet dans un seul endroit.

Dans la majorité des foyers, les objets d'une même catégorie sont placés dans plusieurs endroits éparpillés dans diverses pièces. Admettons par exemple que vous commenciez par l'armoire ou le placard de la chambre. Après avoir fini de trier tout ce qu'il contient, vous allez sûrement tomber sur des vêtements entreposés dans un autre placard ou un manteau placé sur le dossier d'une chaise dans la salle de séjour. Vous devrez alors répéter le processus de sélection et perdrez donc du temps et de l'énergie. Et, dans ces conditions, vous ne pourrez évaluer correctement ce que vous souhaitez garder et jeter. La répétition et des efforts gaspillés peuvent tuer la motivation et sont donc à éviter.

C'est pour cela que je vous recommande de toujours raisonner en termes de catégorie et non d'endroit. Avant de choisir quoi garder, recueillez tous les objets qui entrent dans cette catégorie. Ensuite, mettez-les à même le sol au même endroit. Pour illustrer les étapes successives, reprenons l'exemple des vêtements abordé plus haut. Dans un premier temps, vous décidez d'organiser et de ranger vos vêtements.

Amassez donc au même endroit tous les vêtements trouvés, puis disposez-les par terre. Prenez ensuite chaque vêtement dans vos mains et voyez s'il vous procure du plaisir. Seuls ceux source de joie sont à conserver. Suivez cette procédure pour chaque catégorie d'objets. Si vous avez énormément de vêtements, vous pouvez créer des sous-catégories, comme les hauts, les bas, les chaussettes, etc., puis étudier les articles par sous-catégories.

La phase de regroupement en un seul endroit est essentielle car elle vous donne une idée précise du volume. La plupart des gens sont très surpris de tout ce qu'ils possèdent, le volume étant souvent deux fois plus important qu'ils ne l'imaginaient. En mettant tout au même endroit, vous pouvez également comparer les éléments de conception similaire, ce qui rend plus facile la décision de les garder ou non.

Il existe une autre bonne raison de sortir des tiroirs, penderies et placards tous les objets d'une catégorie bien précise et de les étaler au sol. Les choses conservées hors de votre vue dorment. Il est donc bien plus difficile de dire si elles vous mettent ou non en joie. En les exposant à la lumière du jour et en les ranimant, si je puis m'exprimer ainsi, vous trouverez étonnamment facile de juger si elles déclenchent une émotion en vous.

Le fait de traiter une catégorie au cours d'un seul intervalle de temps accélère le processus de rangement. Veillez donc à bien rassembler tous les éléments de la catégorie choisie. Ne laissez aucun d'eux échapper à votre attention.

Bien commencer

Vous entamez votre journée de rangement plein d'enthousiasme mais, sans que vous l'ayez remarqué, le soleil se couche déjà et vous avez à peine touché à vos affaires. Vous vous faites alors des reproches et sombrez dans le désespoir. Et qu'avez-vous dans les mains ? Très souvent, votre BD, album ou autre objet préféré qui fait remonter d'agréables souvenirs à la surface.

Commencer par une catégorie, en rassembler tous les éléments en une seule fois, ne veut pas forcément dire opter pour une catégorie que vous aimez. Choisir quoi garder et quoi jeter est plus ou moins difficile en fonction de la catégorie. Les gens qui se retrouvent dans une impasse à mi-chemin ont souvent commencé par les objets sur lesquels il est le plus difficile de se décider. Les débutants en matière de rangement n'ont pas intérêt à attaquer par les choses qui rappellent des souvenirs, telles que les photos. Non seulement le volume d'éléments de cette catégorie fait généralement partie des plus élevés, mais la décision de les garder ou non est également très ardue.

Outre la valeur physique, il existe d'autres facteurs qui ajoutent de la valeur à vos biens : la fonction, l'information et l'attachement émotionnel. La dimension de rareté rend d'autant plus compliqué le choix de se débarrasser de l'objet en question. Les gens ont du mal à jeter des objets qu'ils pourraient encore utiliser (valeur fonctionnelle), qui renferment des informations utiles (valeur informative) et qui sont porteurs d'une dimension sentimentale (valeur émotionnelle). Lorsque ces objets sont difficiles à trouver ou à remplacer (rareté), il est encore moins simple de les jeter.

Choisir les objets à garder et ceux à jeter se fait bien plus facilement si vous commencez par les catégories pour lesquelles la décision est simple. En passant ensuite progressivement aux catégories plus complexes, vous affinerez alors votre faculté à prendre des décisions. Les vêtements sont les plus aisés à gérer, parce que la valeur de rareté est extrêmement faible. Les photographies et lettres, en revanche, présentent non seulement une valeur sentimentale élevée, mais sont également uniques. Elles sont donc à traiter en dernier. C'est particulièrement vrai pour les photographies, car elles ont tendance à apparaître de manière aléatoire, pendant que vous faites le tri dans d'autres catégories, et dans les endroits les plus inattendus, comme entre des livres et des papiers. La séquence idéale est la suivante : vêtements, puis livres, papiers, objets divers (*komono*, en japonais) et enfin objets à haute valeur sentimentale et souvenirs. Cet ordre est également le plus pertinent en termes de difficulté quand on passe à la tâche suivante, le rangement proprement dit des objets à conserver. Enfin, s'en tenir à cette séquence aiguise notre intuition quand il s'agit de savoir quels objets nous mettent en joie. Si vous parvenez à accélérer de manière spectaculaire le processus de prise de décision uniquement en modifiant l'ordre des types d'objets à jeter, ça mérite de faire un essai, vous ne trouvez pas ?

Interdit au reste de la famille !

Le marathon du rangement génère un tas de détritus. À ce stade, le désastre susceptible de commettre plus de dégâts qu'un séisme est l'irruption de cette experte du recyclage encore appelée « mère ».

L'une de mes clientes, que j'appellerai « M », vivait avec ses parents et sa sœur. Ils avaient emménagé dans leur maison 15 ans auparavant, quand M était encore à l'école primaire. Elle aimait non seulement acheter des vêtements, mais également garder ceux qui avaient une valeur sentimentale à ses yeux, comme les uniformes d'école et les T-shirts fabriqués pour divers événements. Elle les conservait dans des boîtes qu'elle empilait à même le sol jusqu'à ce que les lattes du plancher ne soient plus du tout visibles. Il a fallu cinq heures pour trier. À la fin de la journée, elle avait 15 sacs de choses à jeter, dont 8 sacs de vêtements, 200 livres, diverses peluches et des choses qu'elle avait fabriquées à l'école. Nous avions empilé tous les sacs sur le sol bien à côté de la porte, désormais visible, et j'étais sur le point d'expliquer un élément très important.

« Il existe un secret que vous devez connaître pour vous débarrasser de tous ces détritus », commençai-je, quand la porte s'ouvrit soudain et que sa mère entra dans la pièce. Elle venait nous apporter du thé glacé sur un plateau. *Oh mon Dieu*, me suis-je dit.

Sa mère déposa le plateau sur une table. « Merci infiniment d'aider ma fille », dit-elle en se retournant pour quitter la chambre. C'est à ce moment-là que son regard se porta sur la pile de sacs près de la porte. « Oh, vous allez jeter ça ? » demanda-t-elle en pointant du doigt un tapis de yoga rose trônant sur le dessus de la pile.

« Ça fait deux ans que je ne m'en suis pas servie.

— Vraiment ? Eh bien, je pourrai peut-être l'utiliser, dans ce cas. » Elle commença à fouiller dans les sacs. « Oh, et ça aussi, peut-être. » Elle est ensuite ressortie, non seulement avec le tapis de yoga, mais également trois jupes, deux chemisiers, deux vestes et des articles de bureau.

Lorsque la chambre fut de nouveau calme, j'ai siroté mon thé glacé et demandé à M : « Elle fait souvent du yoga, votre mère ?

— Je ne l'ai jamais vue en faire. »

Voici ce que je m'apprêtais à dire quand sa mère a débarqué : « Ne laissez pas votre famille voir ce que vous faites. Dans la mesure du possible, sortez les sacs vous-même. Inutile que vos proches sachent ce que vous jetez. »

Je conseille tout particulièrement à mes clients d'éviter de montrer quoi que ce soit à leurs parents et aux membres de la famille. Il ne s'agit pas d'avoir honte de quoi que ce soit, car il n'y a aucun mal à faire du rangement, mais il est extrêmement stressant pour les parents de voir ce que leurs enfants jettent. La seule vue de la hauteur de la pile peut les rendre anxieux concernant la capacité de leurs enfants à survivre avec ce qui reste. De plus, même s'ils ont conscience qu'ils devraient se réjouir de l'indépendance et de la maturité de leur progéniture, il peut être très pénible pour les parents de voir des vêtements, jouets et souvenirs destinés à la benne à ordures, surtout si ce sont eux qui les ont donnés à leur enfant. Il est pour cela judicieux de ne pas exposer vos détritus, d'autant que cela empêche votre famille d'acquérir plus qu'ils n'ont besoin ou peuvent apprécier. Jusqu'à ce jour, votre famille était tout à fait ravie de ce qu'elle possédait. Lorsque vos proches s'aperçoivent que vous avez décidé de faire le vide, ils peuvent se sentir coupables face à ce gaspillage éhonté, mais les objets qu'ils récupèrent de votre pile à jeter ne feront qu'accroître la montagne de choses inutiles qu'ils entassent dans leur logement. Et nous *devons* avoir honte de les inciter à entretenir cette montagne.

Dans un pourcentage écrasant de cas, c'est la mère qui récupère des choses appartenant à sa fille, même s'il est rare qu'elle les porte par la suite. Les femmes de plus de 50 et 60 ans avec qui je travaille finissent invariablement par jeter les vêtements récupérés auprès de leur fille sans jamais les avoir portés. J'estime que nous devrions éviter de créer de telles situations, où l'affection d'une mère pour sa fille devient un fardeau. Il n'est bien sûr pas répréhensible que des membres de votre famille utilisent les choses dont vous ne vous servez plus. Si vous vivez avec votre famille, vous pouvez leur demander : « Avez-vous projeté d'acheter une chose dont vous avez besoin ? » avant de commencer à faire du rangement. Puis, si vous tombez précisément sur l'objet en question, offrez-le-leur en guise de cadeau.

Si votre famille vous rend dingue, c'est peut-être à cause de votre chambre

« Même si je range, le reste de la famille met de nouveau la pagaille. »

« Mon mari ne jette absolument rien. Comment faire en sorte qu'il se débarrasse de certaines choses ? »

Si votre famille n'adhère pas à la poursuite de votre objectif, obtenir la maison « idéale », cela peut s'avérer très agaçant. Je l'ai vécu à de multiples reprises par le passé. À une époque, j'étais tellement obnubilée par le rangement que me charger de ma chambre ne me suffisait pas. Il fallait que je m'attaque à celle de mes frère et sœur et à d'autres pièces de la maison. Et ma famille désordonnée me portait constamment sur les nerfs. Ma source d'énervement majeure était un placard de rangement au beau milieu de la maison. À mes yeux, plus de la moitié était occupée par des objets dont personne ne se servait. C'était un bric-à-brac inutile. Les tringles à vêtements regorgeaient de tenues que je n'avais jamais vues sur le dos de ma mère et de costumes carrément démodés appartenant à mon père. Par terre se trouvaient des cartons contenant les BD de mon frère.

J'attendais le bon moment pour poser au propriétaire de ces affaires la question suivante : « Tu ne t'en sers plus, n'est-ce pas ? » Mais il me répondait : « Si, je m'en sers » ou : « Je m'occupe de les jeter », ce qu'il ne faisait jamais. Chaque fois que je jetais un œil dans ce placard, je poussais un soupir et je me plaignais. « Pourquoi est-ce que tout le monde continue d'accumuler plein de trucs? Ils ne voient pas que je me donne du mal pour maintenir la maison en ordre?»

Parfaitement consciente que j'étais un ovni en matière de rangement, je n'allais pas les laisser entraver ma mission. Quand ma patience a atteint sa limite, j'ai décidé d'agir à la dérobée. J'ai repéré les objets qui n'avaient pas été utilisés depuis de nombreuses années, en me fondant sur leur conception, la quantité de poussière qui les recouvrait, ainsi que l'odeur qu'ils dégageaient. Je les ai ensuite déplacés tout au fond du placard, puis j'ai observé ce qu'il se passait. Si personne ne remarquait qu'ils n'étaient plus visibles, je me débarrassais d'eux, un objet à la fois, comme si j'ôtais les feuilles mortes d'une plante. Au bout de trois mois, j'étais parvenue à me débarrasser de 10 sacs de détritus.

La plupart du temps, personne ne remarquait rien et la vie suivait son cours à la maison. Mais quand le volume a nettement diminué, ils ont commencé à remarquer l'absence d'une ou deux choses. Quand ils me pointaient du doigt, je répondais sans vergogne, ayant décidé de jouer à celle qui ne savait rien.

«Hé, tu sais où est passée ma veste?
— Non.»
Quand ils insistaient, je niais tout en bloc.
«Marie, tu es sûre que tu ne l'as pas jetée?
— Oui, j'en suis sûre.
— Bon, d'accord. Je me demande où elle a bien pu passer.»

S'ils lâchaient le morceau, j'en concluais que ça ne valait pas la peine de conserver cet objet, quel qu'il soit. Mais s'ils n'étaient pas dupes, je n'étais pas décontenancée pour autant.

« Je suis sûre qu'elle était là, Marie. Je l'ai vue il y a encore deux mois. »

Bien décidée à ne pas présenter d'excuses pour avoir jeté leurs affaires sans leur demander la permission, je rétor-quais : « Je l'ai jetée parce que tu étais incapable de le faire toi-même. »

Avec le recul, je dois reconnaître que j'étais très arrogante. Une fois démasquée, j'ai fait face à des tas de reproches et de protestations et on a fini par m'interdire de ranger une autre pièce que ma chambre. Si j'avais pu, je serais revenue en arrière pour me donner une bonne gifle et être ainsi certaine de ne pas me lancer dans une campagne d'éradication aussi ridicule. Jeter les affaires d'autrui sans leur autorisation démontre un malheureux manque de bon sens. Bien qu'une telle tactique furtive porte généralement ses fruits et que les objets jetés ne manquent jamais à leur propriétaire, le risque de perdre la confiance de la famille si elle découvre le pot aux roses est bien trop grand. De plus, ce n'est pas bien. Si vous tenez à ce que vos proches rangent leurs affaires, il existe une méthode bien plus simple.

Une fois frappée de l'interdiction de ranger les espaces des autres membres de la famille et ne disposant, pour laisser libre cours à ma frénésie de rangement, d'autre pièce que ma chambre, j'ai observé attentivement celle-ci et constaté une chose avec surprise. Elle contenait bien plus d'objets à jeter que je le pensais — une jupe, dans ma penderie, que je n'avais jamais portée, ainsi qu'une autre, démodée, qu'il n'était plus question de mettre ; des livres, sur mes étagères, dont je savais que je n'en avais aucune utilité. J'ai constaté, très surprise, que les reproches amèrement émis à l'encontre de ma famille valaient aussi pour moi. N'étant pas en droit de critiquer les autres, je me suis assise avec mes sacs-poubelle et j'ai entrepris de ranger mon espace personnel.

Au bout de deux semaines, un changement s'amorça au sein de ma famille. Mon frère, qui avait refusé, malgré mes nombreuses plaintes, de jeter quoi que ce soit, se mit à trier méticuleusement ses affaires. En une seule journée, il se débarrassa de plus de 200 livres. Puis mes parents et ma sœur commencèrent progressivement à trier et jeter des vêtements et accessoires. En fin de compte, toute la famille était désormais en mesure de garder la maison bien plus rangée qu'auparavant.

Vous attacher calmement à vous débarrasser de vos propres objets superflus est en fait le meilleur moyen de gérer une famille désordonnée. Comme entraînés dans votre sillage, vos proches se mettront à trier et jeter les affaires dont ils ne se servent plus, ainsi qu'à ranger, sans que vous ayez à émettre un seul reproche. Cela peut paraître incroyable, mais quand une personne se met à ranger, cela provoque une réaction en chaîne.

Ranger seul et dans le calme provoque un autre change-ment intéressant en vous — la capacité à tolérer un certain niveau de désordre chez vos proches. Une fois satisfaite de l'apparence de ma chambre, je n'ai plus ressenti l'envie impérieuse de jeter des affaires appartenant à mes frère et sœur ou parents. Lorsque les espaces de vie communs, comme la salle de séjour ou la salle de bains, étaient en désordre, je les rangeais sans hésiter et ne prenais pas la peine de le faire remarquer. J'ai également noté ce changement chez nombre de mes clients.

Si le caractère désordonné de vos proches vous agace, je vous conseille vivement de vérifier votre propre espace, surtout les endroits où vous entreposez vos affaires. Vous y trouverez sûrement des choses à jeter. Une forte envie de faire remarquer l'incapacité d'autrui à ranger est généralement le signe que vous ne prenez pas autant soin de votre propre espace que vous le devriez. Voilà pourquoi il faut que vous commenciez par ne jeter que vos effets personnels. Vous pouvez garder les espaces de vie communs pour la fin. La première phase ne doit concerner que vos affaires.

Ce qui est inutile pour vous l'est tout autant pour vos proches

Ma sœur a trois ans de moins que moi. Calme et un peu timide, elle préfère rester chez elle à dessiner ou à lire tranquillement plutôt que de sortir fréquenter du monde. Elle a sans nul doute beaucoup souffert de mes recherches en matière de rangement, étant mon cobaye sans s'en rendre compte. Quand j'étais à l'université, mon thème de prédilection était de «jeter», mais il y avait toujours des choses dont j'avais du mal à me débarrasser, comme un T-shirt que j'aimais beaucoup qui ne semblait pas m'aller. Incapable de me résoudre à m'en séparer, je l'essayais à de nombreuses reprises en me tenant devant un miroir. Mais j'étais finalement contrainte d'admettre qu'il ne m'allait tout simplement pas. S'il était tout neuf ou qu'il s'agissait d'un cadeau de mes parents, je me sentais très coupable à l'idée de m'en débarrasser.

Dans ce cas, ma sœur m'offrait une solution de facilité. Le principe du «cadeau pour ma sœur» semblait le moyen idéal de me séparer de ce genre de choses. Quand je parle de «cadeau», cela ne signifie pas que je l'emballais soigneusement dans du papier afin de l'offrir, loin de là. Je faisais irruption dans la chambre de ma sœur avec le vêtement à la main. Elle était allongée sur son lit à savourer sa lecture. Je lui arrachais le livre des mains et je lui disais: «Tu veux ce T-shirt?» Face à son air perplexe, je portais le coup de grâce. «Il est tout neuf et vraiment mignon. Mais si tu n'en veux pas, je vais devoir le jeter. Ça ne te gêne pas?»

Ma pauvre sœur, d'un naturel très doux, n'avait alors d'autre choix que de répondre: «Bon bah dans ce cas, je vais le prendre.»

Cela se produisait si souvent que ma sœur, qui achetait rarement des vêtements, avait une penderie pleine à craquer. Elle portait certes quelques vêtements que je lui avais donnés, mais la plupart n'avaient été mis qu'une seule fois, et encore. Je continuais pourtant de lui faire des « cadeaux ». Après tout, c'était des tenues de qualité et je pensais qu'elle devait être heureuse d'en avoir encore plus. Je me suis rendu compte que j'avais tort seulement après avoir démarré mon activité de consultante et rencontré une cliente que j'appellerai « K ».

K avait une vingtaine d'années, travaillait pour une entreprise de cosmétiques et vivait dans son propre logement. Alors que nous étions en train de trier ses affaires, j'ai commencé à remarquer qu'elle faisait des choix étranges. Son volume de vêtements permettait certes de remplir une penderie de taille moyenne, mais le nombre de pièces qu'elle choisit de garder était anormalement faible. Elle répondait presque toujours «non» à la question «Est-ce que ce vêtement me met en joie?» Après avoir remercié chaque vêtement pour les bons services rendus, je le lui passais pour qu'elle le jette. Je n'ai pu m'empêcher de remarquer un soulagement sur son visage chaque fois qu'elle mettait une tenue dans le sac-poubelle. En observant sa garde-robe de plus près, j'ai constaté que les vêtements qu'elle avait choisi de garder étaient presque tous des affaires décontractées comme des T-shirts, tandis que ceux dont elle se débarrassait étaient d'un style complètement différent — des jupes courtes et des hauts décolletés. Lorsque je l'ai interrogée sur ce détail, elle a répondu : «C'est ma sœur aînée qui me les a donnés.» Une fois le tri des vêtements terminé, elle a murmuré : «Regardez-moi ça. J'étais entourée de toutes ces affaires que je n'aimais même pas.» Les vêtements donnés par sa sœur représentaient plus d'un tiers de sa garde-robe, mais presque aucun ne lui procurait cette joie si importante. Si elle les avait portés parce que sa sœur les lui avait donnés, elle ne les avait jamais aimés.

À mes yeux, c'était tragique et loin d'être un cas isolé. Dans mon activité de consultante, je remarque que le volume de vêtements jetés par les sœurs cadettes est toujours plus élevé que celui dont se débarrassent les sœurs aînées, phénomène sûrement lié au fait que les sœurs cadettes sont souvent habituées à porter des tenues transmises par leur aînée. Il existe deux raisons pour lesquelles les sœurs cadettes ont tendance à récupérer des vêtements qui ne leur plaisent pas vraiment. Tout d'abord, il est difficile de jeter des affaires données par la famille. Ensuite, elles ne savent pas vraiment quels sont leurs goûts, ce qui rend la décision de s'en séparer difficile à prendre. Dans la mesure où elles reçoivent d'autrui beaucoup de vêtements, elles n'ont pas besoin de faire les magasins et ont donc moins d'occasions de développer cet instinct de détection de ce qui met en joie.

Ne me faites pas dire ce que je n'ai pas dit. Donner aux autres des choses que vous n'utilisez pas est une excellente idée. C'est non seulement économique, mais voir ces objets chéris par un proche peut également être source d'un plaisir immense. Mais c'est différent d'obliger vos proches à les accepter parce que vous ne parvenez pas à les jeter. Que la victime soit un frère, une sœur, un parent ou un enfant, cette habitude est à bannir définitivement. Si ma sœur ne s'est jamais plainte, je suis sûre qu'elle devait être partagée lorsqu'elle acceptait mes « cadeaux ». En fait, je transférais vers elle mon incapacité coupable à me débarrasser de ces vêtements. Rétrospectivement, c'est une vraie honte.

Si vous souhaitez donner quelque chose, ne forcez pas la personne à l'accepter à tout prix ou ne lui mettez pas la pression en faisant naître la culpabilité en elle. Sachez au préalable ce qu'elle aime et ne lui montrez que les affaires répondant à ses critères de choix. Vous pouvez également les lui donner uniquement si elle est prête à les acheter dans le commerce. Nous devons avoir certains égards envers les autres en leur évitant le fardeau consistant à posséder plus de choses que ce dont ils ont besoin ou envie.

Ranger est un dialogue intérieur

« KonMari, tu aimerais te mettre sous une cascade ? »

J'ai reçu cette invitation de la part d'une cliente de 74 ans, charmante chef d'entreprise encore active, ainsi que skieuse et randonneuse acharnée. Cela faisait plus de 10 ans qu'elle pratiquait la méditation sous cascade et elle semblait adorer cette activité. Elle disait de temps en temps : « Je me rend sous une cascade » comme si elle allait au spa. Par conséquent, l'endroit qu'elle m'a fait découvrir n'était pas un site pour débutants que l'on initie à cette discipline. Nous avons quitté nos quartiers à six heures du matin, emprunté un sentier de montagne, enjambé des clôtures et traversé une rivière où nous avions de l'eau bouillonnante jusqu'aux genoux, avant de déboucher sur une cascade à l'écart de tout.

Je ne vous ai pas parlé de cette aventure pour vous présenter cette discipline, mais à cause des similitudes existant entre la méditation sous cascade et le rangement. Lorsque vous êtes sous une cascade, le seul son audible est le rugissement de l'eau. Le massage corporel effectué par l'eau fait rapidement disparaître toute douleur pour laisser place à un engourdissement. Puis une sensation de chaleur intérieure vous envahit et vous entrez alors dans une transe méditative. C'était certes la première fois que j'expérimentais cette forme de méditation, mais les sensations me semblaient extrêmement familières, ressemblant beaucoup à celles éprouvées lorsque je fais du rangement. Bien qu'il ne s'agisse pas exactement d'un état méditatif, il m'arrive de communier paisiblement avec moi-même lorsque je range. La tâche consistant à déterminer si chacun des objets possédés me procure de la joie revient à converser avec moi-même par l'intermédiaire de mes biens personnels.

C'est pour cette raison qu'il est essentiel de créer un espace de quiétude permettant d'évaluer les objets de votre univers. Dans l'idéal, il ne faut même pas écouter de musique. J'entends parfois parler de méthodes conseillant de ranger en rythme avec une chanson entraînante, mais je ne les recommande pas. J'ai le sentiment que le bruit empêche d'entendre le dialogue intérieur entre la personne et ses affaires. Il est bien entendu hors de question de regarder en même temps la télévision. Si vous avez besoin d'un bruit de fond pour vous détendre, choisissez alors une musique d'ambiance sans paroles ni mélodie tranchée. Pour bénéficier d'une certaine dynamique, exploitez l'atmosphère régnant dans la pièce plutôt que de compter sur la musique.

Le meilleur moment pour vous y mettre est le début de matinée. L'air frais du matin permet de garder les idées claires et d'aiguiser votre pouvoir de discernement. C'est pour cette raison que la plupart de mes cours se déroulent le matin. J'en ai même fait débuter un à 6 h 30 et nous avons pu aller deux fois plus vite que d'habitude. On peut devenir dépendant des sensations revigorantes éprouvées sous une cascade. De même, lorsque vous aurez fini de remettre en ordre votre intérieur, vous serez gagné par une forte envie de recommencer. Et, contrairement à la méditation sous cascade, vous n'aurez pas à parcourir une longue distance sur un terrain difficile. Vous pourrez éprouver la même chose chez vous. Spécial, non?

Que faire quand vous ne parvenez pas à vous débarrasser d'un objet

J'ai un critère pour décider de garder un objet: je dois ressentir de la joie lorsque je le touche. Mais il est humain de ne pas vouloir le jeter même si nous savons qu'il est nécessaire de s'en séparer. Ces affaires qui résistent à l'appel de la poubelle, même si elles ne sont associées à aucune joie, posent un vrai problème.

On peut classer le jugement humain en deux grandes catégories : intuitif et rationnel. Pour décider quels objets jeter, c'est généralement notre jugement rationnel qui cause des ennuis. Bien que nous sachions intuitivement qu'un objet ne nous attire pas, notre raison fait apparaître toutes sortes d'arguments nous empêchant de le jeter : « J'en aurai peut-être besoin par la suite » ou : « C'est du gâchis. » Ces pensées nous tournent dans la tête et il est alors impossible de lui dire adieu.

Loin de moi l'idée d'affirmer qu'il est néfaste d'hésiter. L'incapacité à se décider traduit un certain degré d'attachement à l'objet en question. Nous ne pouvons pas non plus uniquement décider en nous fondant sur notre intuition. Voilà pourquoi il faut précisément étudier soigneusement chaque objet, sans se laisser distraire par l'idée d'être un gaspilleur de première.

Quand vous tombez sur une chose difficile à jeter, réfléchissez sérieusement à la raison pour laquelle vous la détenez. Quand l'avez-vous acquise et quelle importance avait-elle pour vous à l'époque ? Réévaluez son rôle dans votre vie actuelle. Si, par exemple, vous ne portez jamais certains vêtements, étudiez-les un par un. Où avez-vous acheté celui-ci et pourquoi ? Si c'est parce qu'il vous paraissait sympa en le voyant dans la boutique, il vous a donné un frisson de joie au moment de l'achat. Mais pourquoi ne l'avez-vous jamais porté ? Est-ce parce que vous vous êtes aperçu qu'il ne vous allait pas quand vous l'avez essayé chez vous ? Dans ce cas, si, depuis, vous n'achetez plus de vêtements de ce style ou de cette couleur, il a alors rempli une autre fonction importante : vous apprendre ce qui ne vous va pas. En fait, cet habit a déjà joué son rôle dans votre vie et vous pouvez lui dire : « Merci de m'avoir donné de la joie quand je t'ai acheté » ou : « Merci de m'avoir montré ce qui ne me va pas », puis vous en séparer.

Chaque objet a un rôle particulier. Tous les vêtements ne sont pas destinés à être portés jusqu'à l'usure. Il en va de même avec les êtres humains. Toutes les personnes que vous rencontrez ne deviendront pas un ami intime ou un partenaire sexuel. Vous aurez du mal à vous entendre avec certaines et serez carrément incapable d'en aimer d'autres. Mais ces personnes vous permettent de tirer des enseignements précieux sur les individus que vous aimez, de sorte que vous les apprécierez encore plus.

Quand vous tombez sur un objet dont vous ne parvenez pas à vous séparer, réfléchissez sérieusement à son véritable rôle dans votre vie. Vous serez surpris du nombre de choses vous appartenant à avoir déjà joué pleinement leur rôle. En reconnaissant leur contribution et en acceptant de vous en séparer avec gratitude, vous pourrez véritablement mettre de l'ordre dans vos affaires et votre vie. Au final, il ne vous restera plus que les choses que vous chérissez vraiment.

Pour apprécier sincèrement les objets importants à vos yeux, vous devez d'abord jeter ceux ayant accompli leur devoir. Vous séparer de ce qui est devenu inutile n'est ni du gaspillage ni un comportement honteux. Pouvez-vous honnêtement dire que vous chérissez un objet enfoui si profondément dans un placard que vous aviez même oublié son existence ? Si les objets éprouvaient des sentiments, ils ne seraient certainement pas heureux. Libérez-les de la prison dans laquelle vous les avez enfermés. Aidez-les à quitter cette île déserte sur laquelle vous les avez exilés. Laissez-les partir avec toute votre reconnaissance. Vous et vos affaires vous sentirez revigorés une fois la séance de rangement terminée.

CHAPITRE 3

COMMENT RANGER
PAR CATÉGORIES

La séquence de rangement

Suivez l'ordre idéal des catégories

La porte s'ouvre en émettant un petit bruit sec et une femme me regarde, l'air quelque peu anxieux. «Bon-bonjour.» Mes clients sont presque toujours un peu tendus la première fois que je me rends chez eux. Au bout de plusieurs rendez-vous, cette tension n'émane plus d'une certaine timidité mais du besoin de relever un défi d'envergure.

« Vous pensez qu'il est vraiment possible de mettre de l'ordre dans ma maison ? On ne peut même pas mettre un pied dedans. »

« Je ne vois vraiment pas comment faire un rangement complet en si peu de temps. »

« Vous avez dit qu'aucun de vos clients n'avait subi d'effet rebond. Et si j'étais le premier à qui cela arrivait ? »

Leur enthousiasme, associé à une certaine nervosité, est presque palpable, mais je suis persuadée que chacun d'eux s'en sortira bien. Même les paresseux et désordonnés de nature, les gens descendant de générations de fainéants ou les personnes à l'emploi du temps surchargé peuvent apprendre à ranger correctement, à condition d'utiliser la méthode KonMari.

Je vais vous révéler un secret. Mettre votre maison en ordre est amusant ! Le processus d'évaluation de vos sentiments envers vos biens, l'identification de ceux qui ont joué leur rôle, l'expression de votre gratitude et vos adieux à ceux-ci sont une étude de votre moi, un rite de passage dans une nouvelle vie. Votre critère de jugement est l'attirance que vous ressentez intuitivement. Par conséquent, les théories complexes ou données numériques sont inutiles. Il vous suffit de suivre le bon ordre. Faites donc le plein de sacs-poubelle et soyez prêt à vous amuser.

Commencez par les vêtements, puis passez aux livres, papiers, objets divers (*komono*) et terminez par les choses dotées d'une valeur sentimentale. Si vous réduisez le volume de vos affaires en respectant cet ordre, vous serez surpris de la facilité avec laquelle vous exécuterez ce processus. En commençant par les choses faciles, pour terminer par les éléments qui vous donnent du fil à retordre, vous affinerez progressivement votre faculté à prendre des décisions, de sorte qu'au final, le processus vous paraîtra simple.

Concernant la première catégorie – les vêtements –, je vous conseille de les classer selon les sous-catégories suivantes afin d'accroître votre efficacité :

- Hauts (chemisiers, pulls, etc.)
- Bas (pantalons, jupes, etc.)
- Vêtements qui se suspendent (vestes, manteaux, tailleurs, etc.)
- Chaussettes
- Sous-vêtements
- Sacs à main, etc.
- Accessoires (écharpes, foulards, ceintures, chapeaux, etc.)
- Vêtements pour des occasions bien précises (maillots de bain, uniformes, etc.)
- Chaussures

Et, oui, j'inclus les sacs à main et les chaussures dans les vêtements.

Pourquoi cet ordre est-il optimal ? En fait, je ne suis pas certaine des raisons, mais je m'appuie sur l'expérience acquise après avoir consacré la moitié de ma vie au rangement. Je peux vous assurer que cela fonctionne! Croyez-moi, si vous suivez cet ordre, vous accélérerez le mouvement et obtiendrez des résultats visibles avec une rapidité surprenante. En outre, dans la mesure où vous ne garderez que les choses que vous aimez vraiment, votre énergie et votre joie s'en trouveront accrues. Vous ressentirez peut-être de la fatigue physique, mais se débarrasser d'objets inutiles fait tellement de bien que vous aurez du mal à vous arrêter.

Mais l'important est de décider ce que vous souhaitez garder. Quelles choses vous mettront en joie si vous leur laissez une place dans votre vie? Prenez les objets que vous aimez comme si vous les aviez trouvés sur les étagères de votre boutique préférée. Une fois ce principe saisi, faites une pile de tous vos vêtements, prenez-les dans vos mains un par un et demandez-vous simplement: «Est-ce qu'il me met en joie?» Votre festival du rangement vient de commencer.

Vêtements

Placez à même le sol tous les vêtements que vous possédez

La première étape consiste à vérifier tous les placards, penderies et tiroirs de votre logement, puis à rassembler en un endroit bien précis tous les vêtements trouvés. Ouvrez bien tous les tiroirs et penderies et assurez-vous de ne pas en oublier un seul. Lorsque mes clients pensent avoir fini, je leur pose toujours la question suivante : « Êtes-vous certain qu'il ne reste pas un seul vêtement dans la maison ? » Puis j'ajoute : « Vous pouvez dire adieu à tout vêtement que vous retrouverez par la suite car il ira automatiquement dans la pile des vêtements à jeter. » Je leur dis que je suis très sérieuse. Je n'ai pas l'intention de les laisser garder quoi que ce soit une fois le tri terminé. La réaction est généralement : « Oh mais attendez. Je crois qu'il reste quelque chose dans la penderie de mon mari » ou : « Ah ! Des vêtements sont peut-être suspendus dans l'entrée », puis ils se précipitent dans diverses pièces et ajoutent plusieurs choses à la pile.

Cela ressemble un peu à un ultimatum, mais quand mes clients savent qu'ils ont un délai précis à respecter, ils réfléchissent bien car ils ne souhaitent pas perdre de vêtements sans avoir la possibilité de décider de leur sort. Bien que je mette rarement ma menace à exécution, si quelqu'un ne se souvient plus de l'existence d'un vêtement à ce stade, c'est que ce dernier ne lui procure aucun frisson de joie et je suis alors impitoyable. La seule exception concerne les vêtements se trouvant dans le bac à linge sale.

Une fois tous les vêtements rassemblés, la seule pile de hauts monte jusqu'aux genoux. Le terme « hauts » regroupe des vêtements de toutes les saisons, des T-shirts aux pulls en laine, en passant par les gilets. Le nombre moyen de pièces tourne généralement autour de 160. Confrontés à leur premier obstacle dans le processus de rangement, la plupart des gens sont submergés par le volume de leurs affaires. À ce stade, je dis généralement : « Commençons par les vêtements hors saison », et pour cause, c'est la catégorie la plus facile pour se mettre en phase avec les pièces envers lesquelles mes clients ressentent intuitivement quelque chose de positif.

S'ils commencent par les vêtements qu'ils portent en ce moment, ils auront plus tendance à penser : « Celui-ci ne m'apporte aucune joie, mais je le portais encore hier » ou : « Si je n'ai plus rien à porter, qu'est-ce que je vais faire ? » Il leur est alors d'autant plus difficile de prendre une décision en toute objectivité. Dans la mesure où les vêtements hors saison ne sont pas nécessaires sur-le-champ, il est bien plus facile de savoir s'ils vous apportent de la joie. Je conseille souvent de se poser une question quand on fait le tri des vêtements hors saison : « Est-ce que je souhaite revoir ce vêtement quand ce sera le moment de le porter ? » ou de la reformuler ainsi : « Est-ce que je souhaiterais le porter immédiatement si la température changeait subitement ? »

« Est-ce que je veux le revoir ? Eh bien, pas nécessairement… » Si c'est votre sentiment, jetez-le. Et si vous avez beaucoup de vêtements portés la saison dernière, n'oubliez pas de dire si vous les appréciez toujours. Vous aurez peut-être peur de ne plus avoir de vêtements à vous mettre si vous prenez en compte ce critère. Mais ne vous inquiétez pas. Vous aurez peut-être l'impression d'avoir jeté énormément de choses, mais tant que vous choisissez des vêtements source de joie, c'est que vous disposez de la quantité nécessaire.

Une fois que vous aurez pris le coup de la sélection des choses que vous aimez, vous pourrez passer aux sous-catégories des vêtements de saison. Les principes les plus importants à retenir sont les suivants : assurez-vous de rassembler absolument tous les vêtements dont vous disposez et veillez à prendre chacun d'eux dans vos mains.

Les vêtements d'intérieur

Déclasser des affaires en vêtements d'intérieur : le tabou absolu

Jeter quelque chose encore tout à fait utilisable peut vous sembler du gaspillage, surtout si vous l'avez acheté vous-même. Dans ce cas, mes clients me demandent souvent s'ils peuvent conserver des vêtements qu'ils ne porteront plus à l'extérieur de la maison pour les transformer en vêtements d'intérieur. Si je leur réponds « oui », la pile de vêtements d'intérieur risque de grossir et le volume général d'affaires ne jamais diminuer.

Cela dit, je dois admettre qu'il m'est arrivé de faire la même chose avec des vêtements dont je savais que je ne les porterais plus en dehors de chez moi. Les cardigans élimés, les chemisiers passés de mode, les robes qui ne m'allaient plus ou que je ne portais jamais — j'ai très vite pris l'habitude de les reléguer au rang de vêtements d'intérieur, plutôt que de les jeter. Et pourtant, neuf fois sur dix, je ne les portais quand même jamais.

J'ai vite découvert que nombre de mes clients disposent de vêtements d'intérieur dormants. Quand je leur demande pourquoi ils ne les mettent pas, leurs réponses sont très révélatrices : « Je ne me sens pas détendue quand je les ai sur le dos », « Ça ne rime à rien de porter ça à l'intérieur alors que c'est prévu pour l'extérieur », « Je ne les aime pas », etc. Autrement dit, ces frusques ne sont pas du tout des vêtements d'intérieur. Les considérer ainsi ne fait que retarder la décision de se séparer de vêtements qui ne vous mettent plus du tout en joie. Des boutiques sont spécialisées dans la vente de vêtements d'intérieur dont la coupe et la matière sont idéales pour se détendre. Il s'agit bien entendu d'un genre de vêtement complètement différent de ce que nous portons à l'extérieur. Seuls les T-shirts en coton peuvent tomber dans cette catégorie.

Je ne vois aucun intérêt à garder pour l'intérieur des vêtements qui ne sont pas source de détente. Le temps que vous passez chez vous est un pan précieux de la vie. Ce n'est pas parce que personne ne nous voit qu'il faut le déprécier. À compter d'aujourd'hui, perdez donc cette habitude consistant à déclasser en vêtements d'intérieur les affaires qui ne vous font plus d'effet. Le véritable gaspillage n'est pas de jeter des vêtements que vous n'aimez pas, mais de les porter alors que vous vous efforcez de créer l'espace idéal pour votre mode de vie rêvé. C'est justement parce que personne ne vous voit qu'il faut renforcer l'image de soi en portant des vêtements qui vous plaisent.

Idem pour les pyjamas. Une femme devrait porter pour la nuit quelque chose de féminin ou d'élégant. Le pire serait de mettre un survêtement débraillé. Il m'arrive de rencontrer des gens qui traînent tout le temps dans cette tenue, de jour comme de nuit. Si le jogging est votre tenue de tous les jours, vous allez finir par ne plus faire qu'un avec lui, ce qui n'aura rien de séduisant. Ce que vous portez à la maison influe sur l'image de soi.

Bien ranger vos vêtements

Pliez-les correctement pour résoudre vos problèmes de place

Une fois le tri effectué, mes clients ne se retrouvent généralement qu'avec un tiers à un quart de leur garde-robe de départ. Les vêtements qu'ils souhaitent garder sont encore empilés à même le sol et le moment est venu de les ranger. Avant de passer à cette étape, je vais vous raconter une histoire.

J'ai eu une cliente confrontée à un problème que je ne parvenais pas à comprendre. Dans la cinquantaine, elle m'a dit, lors de notre premier entretien, qu'elle n'avait pas suffisamment d'espace pour entreposer tous ses vêtements. Pourtant, étant donné l'aménagement de son logement, elle disposait de deux penderies pour elle seule, une fois et demie plus grandes que la moyenne. Cela représentait un espace considérable, sans compter qu'elle avait en outre un dressing avec trois portants pleins de vêtements.

Effarée, j'ai approximativement évalué sa garde-robe à plus de 2 000 pièces. C'est seulement une fois chez elle que j'ai compris. Lorsqu'elle a ouvert sa penderie, qui faisait tout un pan de mur, j'en suis restée bouche bée. C'était comme dans un pressing où tous les vêtements sont suspendus. Il y avait non seulement des manteaux et des jupes, mais aussi des T-shirts, des pulls, des sacs et même des sous-vêtements.

Ma cliente se lança immédiatement dans une revue détaillée de sa collection de cintres. « Ceux-ci sont faits main et conçus spécialement pour les vêtements en laine, afin qu'ils ne glissent pas. Je les ai achetés en Allemagne. » Après un exposé de 5 minutes, elle me regarda avec un sourire épanoui et dit : « Les vêtements ne se froissent pas si vous les mettez sur cintre. Et ils s'usent moins vite, n'est-ce pas ? » En lui posant d'autres questions, j'ai pu découvrir qu'elle ne pliait absolument aucun vêtement.

Il existe deux méthodes de rangement pour les vêtements : les mettre sur des cintres qui sont ensuite suspendus sur un portant, ou les plier puis les ranger dans des tiroirs. Je peux comprendre l'attrait des cintres, car cela peut paraître moins fastidieux. Je vous conseille cependant vivement de plier vos vêtements. *Mais c'est pénible de devoir plier les vêtements, pour les ranger dans un tiroir. Il est bien plus simple de les mettre sur un cintre pour les accrocher ensuite dans une penderie.* Si vous êtes d'accord avec ce point de vue, c'est que vous n'avez pas encore découvert le véritable impact de la méthode de pliage des vêtements.

En matière d'économie d'espace, les cintres ne peuvent rivaliser. Bien que cela dépende de leur épaisseur, il est possible de loger 20 à 40 vêtements là où l'on ne peut en suspendre que 10. La cliente évoquée plus haut possédait seulement un tout petit peu plus de vêtements que la moyenne. Si elle les avait pliés, elle n'aurait eu aucun mal à les faire tenir dans l'espace dont elle disposait. En pliant soigneusement vos affaires, vous pouvez résoudre presque tous les problèmes liés à l'espace de rangement à votre disposition.

Mais ce n'est pas le seul avantage. En pliant vos vêtements, vous pouvez ainsi manipuler chaque pièce. En faisant courir vos mains sur le vêtement en question, vous l'imprégnez de votre énergie. Le terme japonais « *te-ate* », qui signifie « la main qui soigne », en dit long. Il date d'avant la naissance de la médecine moderne, à l'époque où les gens pensaient que le fait d'apposer une main sur une blessure favorisait la guérison. Nous savons qu'un léger contact physique de la part d'un parent, comme tenir les mains, caresser la tête et étreindre, permet d'apaiser un enfant. De même, un massage léger mais ferme est bien plus efficace pour dénouer des muscles quand il est effectué par des mains que par une machine. L'énergie qui pénètre notre peau en provenance des mains d'une personne semble à la fois apaiser le corps et l'esprit.

Il en va de même pour les vêtements. Lorsque nous prenons nos vêtements dans les mains pour les plier soigneusement, je pense que nous leur transmettons une énergie positive. Pour bien les plier, il faut les tendre et éliminer les plis, ce qui renforce la matière et leur dynamisme. Les pièces bien pliées présentent une élasticité et un éclat immédiatement visibles, ce qui les distingue nettement des vêtements fourrés sans ménagement dans un tiroir. Plier un vêtement est un acte qui va au-delà du fait de le rendre plus compact pour l'entreposer. C'est en prendre soin, exprimer votre amour pour lui et apprécier sa place dans votre vie. Lorsque nous plions un vêtement, nous devons donc y mettre tout notre cœur et le remercier de protéger notre corps.

En outre, plier un vêtement après l'avoir lavé est l'occasion de l'examiner en détail. Vous pouvez par exemple remarquer les endroits effilochés ou constater qu'il est bien usé. Cette phase de pliage est une forme de dialogue avec votre garde-robe. La tenue japonaise traditionnelle — le kimono et le yukata — se plie toujours en rectangle afin de parfaitement tenir dans un tiroir adapté à ses dimensions uniformes. Je ne pense pas qu'il existe ailleurs dans le monde une culture dans laquelle les espaces de rangement sont étudiés précisément en fonction des vêtements qu'ils vont accueillir. Les Japonais ressentent très vite le plaisir découlant du pliage des vêtements, comme s'ils étaient génétiquement programmés pour cette tâche.

Comment plier

La meilleure méthode de pliage pour une allure parfaite

La lessive est terminée et les vêtements prêts à être rangés, mais c'est à ce stade que beaucoup de gens ressentent un blocage. Plier les vêtements représente pour eux une corvée inutile, surtout parce qu'ils vont bientôt les porter. Nombre de personnes ne veulent pas s'embêter avec ça et se retrouvent avec un tas de linge à même le sol. Elles prennent l'habitude d'y prendre tous les jours un vêtement, tandis que le monticule continue de grossir, jusqu'à occuper toute la pièce.

Si vous vous reconnaissez dans cette description, ne vous inquiétez pas. Parmi mes clientes, aucune ne savait plier correctement des vêtements lorsqu'elle a commencé à suivre mes cours. En fait, un assez grand nombre a déclaré avoir pris le parti de ne jamais plier ses vêtements. J'ai ouvert des penderies si remplies que l'on avait l'impression d'être face à des vêtements emballés sous vide et j'ai vu des tiroirs remplis de vêtements roulés et torsadés comme des nouilles. On aurait cru que mes clients n'avaient jamais entendu parler du verbe « plier ». Mais, à la fin des cours, tous, sans exception, m'ont dit : « Plier est amusant ! »

L'une de mes clientes, une jeune femme entre 20 et 30 ans, détestait tellement plier ses affaires que sa mère s'en chargeait à sa place. Au fil des cours, elle a appris à aimer cette tâche et a même indiqué à sa mère comment s'y prendre. Une fois cette technique maîtrisée, vous aimerez la pratiquer au quotidien et trouverez commode de la connaître pour le restant de vos jours. En fait, vivre sa vie sans savoir plier correctement des vêtements est une lacune énorme.

La première étape consiste à visualiser l'apparence intérieure de votre tiroir une fois l'opération de rangement achevée. Votre objectif doit être d'organiser son contenu afin de pouvoir situer chaque élément en un seul coup d'œil, de la même manière que vous voyez les tranches de vos livres sur les étagères de votre bibliothèque. La clé est de ranger les choses debout plutôt qu'à plat. Certaines personnes imitent le rangement que l'on trouve dans les boutiques, pliant chaque vêtement de façon à former un grand carré, puis les empilant en couches. Ce procédé est parfait pour une disposition temporaire dans une boutique, mais ne convient pas à la maison pour une relation à long terme avec ses vêtements.

Pour ranger des vêtements debout, il faut les plier de façon plus compacte afin qu'ils prennent moins de place. Certaines personnes pensent que ce format de pliage compact engendre plus de plis, mais c'est faux. Ce n'est pas le nombre de plis mais l'intensité de la pression qui froisse les vêtements. Même les vêtements légèrement pliés se froissent s'ils sont empilés, à cause du poids obtenu. Pensez à la différence entre plier une et cent feuilles de papier. Il est bien plus difficile d'obtenir un pli bien net lorsque vous pliez tout un tas de feuilles.

Une fois que vous avez obtenu l'image finale du contenu de vos tiroirs, vous pouvez entamer le pliage. Le but est de plier chaque vêtement afin d'obtenir un simple rectangle. Commencez par replier vers le centre chaque côté du vêtement, dans le sens de la longueur, puis rentrez les manches afin d'obtenir une forme rectangulaire. La manière de plier les manches importe peu. Ensuite, prenez une extrémité du rectangle et repliez-la vers l'autre extrémité. Puis pliez de nouveau en deux ou en trois. Le nombre de plis doit être adapté de façon qu'une fois plié et placé debout sur la « tranche », le vêtement ait une forme adaptée à la hauteur du tiroir. Il s'agit d'un principe tout simple. Si le résultat final présente une forme adaptée au contenant mais est trop mou pour tenir sur chant, c'est que le procédé de pliage ne convient pas pour ce type de vêtement. Chaque vêtement a son point central idéal – à savoir un état plié optimal – qui diffère en fonction de sa matière et de sa taille. À vous, par conséquent, de tâtonner jusqu'à trouver la bonne méthode. Ce n'est pas sorcier. En modulant la hauteur du vêtement une fois plié afin qu'il tienne correctement, vous trouverez le point central idéal avec une facilité surprenante.

La procédure est encore plus facile lorsque vous pliez de manière très compacte des vêtements dont la matière est souple, pour obtenir une petite largeur et une petite hauteur, et en serrant moins les pièces dont la matière est épaisse et molletonnée. Si une extrémité d'un vêtement est plus épaisse que l'autre, l'opération sera plus facile si vous tenez l'extrémité fine dans la main. Quelle satisfaction de trouver le point central idéal! Le vêtement garde sa forme une fois sur chant et vous avez de bonnes sensations quand il est dans votre main. C'est comme une révélation soudaine – *voilà la façon dont tu as toujours rêvé d'être plié!* –, moment particulier au cours duquel votre esprit et le vêtement entrent en connexion. J'adore voir le visage de mes clients s'éclairer à cet instant précis.

Disposer les vêtements

Le secret pour donner de l'énergie à votre garde-robe

Quel magnifique sentiment vous ressentez lorsque vous ouvrez votre penderie et voyez les vêtements que vous chérissez bien alignés sur des cintres! Mais les placards de mes clients sont souvent dans un tel désordre qu'il faut du courage ne serait-ce que pour les ouvrir. Et, une fois ouverts, il est impossible de trouver quelque chose à l'intérieur.

Il existe deux causes à ce phénomène. La première est une penderie tout simplement trop remplie. Une de mes clientes avait fourré tellement de vêtements à l'intérieur qu'il lui fallait bien 3 minutes pour en sortir un seul. Les cintres étaient si serrés que, lorsqu'elle parvenait enfin à extraire une pièce, après avoir beaucoup pesté et tiré de toutes ses forces, le vêtement situé à chaque extrémité se retrouvait éjecté comme une tranche d'un grille-pain. Je savais maintenant

pourquoi elle n'avait pas porté depuis des années les vêtements entreposés dans cette penderie. Il s'agit d'un cas
extrême, mais il n'en demeure pas moins vrai que les gens
remplissent trop leurs penderies. C'est l'une des raisons pour
lesquelles je recommande de plier un maximum d'affaires.
Certains types de vêtements sont bien entendu faits pour être
sur cintre, comme les manteaux, les tailleurs, les vestes, les
jupes et les robes. Voici mon critère personnel : suspendez
tous les vêtements qui vous semblent mieux vivre sur cintre,
comme ceux faits d'une matière douce et légère qui flotte ou
ceux taillés sur mesure radicalement allergiques à la position
pliée. Ces deux types se laissent suspendre bien volontiers.

L'autre cause d'une penderie en désordre est un manque
de connaissances. De nombreuses personnes ne savent tout
simplement pas organiser des vêtements sur des cintres. La
règle de base consiste à suspendre des vêtements côte à côte
par catégories. Vous devez donc répartir votre espace en
diverses sections : une section vestes, une section tailleurs, etc.

Comme les humains, les vêtements se détendent mieux en
compagnie de congénères qui leur ressemblent. Par conséquent, en les classant par catégories, vous les aidez à se sentir
plus à l'aise et en sécurité. Vous pouvez littéralement transformer votre penderie en appliquant simplement ce principe.

Bien entendu, de nombreuses personnes affirment que
même lorsqu'elles rangent leurs vêtements par catégories,
c'est de nouveau très vite la pagaille. Je vais donc vous révéler
un secret pour garder impeccables les penderies et placards

que vous vous donnez tant de mal à organiser : disposez vos vêtements de façon qu'ils « montent vers la droite ». Prenez un instant pour dessiner une flèche qui monte vers la droite, puis une autre qui descend vers la droite. Vous pouvez les tracer sur papier ou simplement dans l'air. Avez-vous remarqué qu'en traçant une flèche montant vers la droite, vous vous sentez plus léger ? Les lignes qui grimpent vers la droite permettent de se sentir plus à l'aise. En respectant ce principe lors de l'organisation de votre penderie, vous parviendrez à rendre son contenu beaucoup plus enthousiasmant.

Pour ce faire, suspendez les pièces lourdes sur le côté gauche et les légères sur la droite. Les vêtements lourds comprennent ceux particulièrement longs, ceux dont la matière pèse son poids et ceux de couleur sombre. À mesure que vous progressez vers le côté droit de votre portant, la longueur des vêtements suspendus doit diminuer, leur matière être plus légère et leur couleur s'éclaircir. En les prenant par catégories, les manteaux doivent se trouver en premier sur la gauche, suivis des robes, vestes, pantalons, jupes et chemisiers. Il s'agit là de l'ordre de base, mais les vêtements « lourds » de chaque catégorie varieront en fonction des tendances de votre garde-robe. Essayez de créer un équilibre de façon à donner l'impression que vos vêtements montent vers la droite. En outre, au sein de chaque catégorie, disposez vos vêtements du plus lourd au plus léger. Lorsque vous vous tiendrez devant une penderie réorganisée de cette manière, vous sentirez votre cœur battre plus vite et les cellules de votre corps pétiller d'énergie. Cette énergie sera également transmise à vos vêtements. Même après en avoir refermé la porte, l'air de votre pièce sera revigoré. Quand vous aurez connu ces sensations et sentiments, vous garderez l'habitude de ranger vos vêtements par catégories.

Certains se demandent peut-être en quoi le fait de prêter attention à ce genre de détail peut générer un tel changement, mais pourquoi en douter si l'application de cette magie à tous vos espaces de rangement peut contribuer à garder une pièce en ordre ? Réorganiser votre garde-robe par catégories ne vous prendra que 10 minutes. Alors, faites-moi confiance et essayez. Mais n'oubliez pas que vous devez d'abord diminuer le volume de votre garde-robe en ne gardant que les vêtements que vous aimez vraiment.

Entreposer les chaussettes

Traitez vos chaussettes et collants avec respect

Vous est-il déjà arrivé de penser bien faire pour vous apercevoir par la suite que vous aviez blessé quelqu'un ? Sur le moment, vous étiez totalement insouciant, sans avoir conscience d'aucune manière des sentiments de l'autre personne. C'est un peu la façon dont bon nombre de gens considèrent leurs chaussettes.

Je me suis rendue chez une cliente âgée d'une cinquantaine d'années. Comme d'habitude, nous avons commencé par ses vêtements. Nous avons progressé dans sa garde-robe à un rythme tranquille, fini de nous occuper de ses sous-vêtements et étions prêtes à nous attaquer à ses chaussettes. Mais, quand elle a ouvert son tiroir à chaussettes, j'ai été abasourdie. Il était rempli d'amas de patates qui roulaient çà et là. Elle avait replié le haut de ses collants pour former des boules et les avait noués par le milieu. Je suis restée sans voix. Vêtue d'un tablier blanc impeccable, ma cliente m'a souri et a dit : « Comme ça, je peux prendre ce dont j'ai besoin et les ranger facilement, vous ne trouvez pas ? » J'ai beau tomber souvent sur ce genre d'attitude pendant mes cours, j'en suis toujours stupéfaite. Laissez-moi vous le dire sans détour : ne nouez jamais vos collants. Ne roulez jamais vos chaussettes en boules.

J'ai pointé du doigt les chaussettes en boules. « Regardez-les attentivement. Quand elles sont dans le tiroir, c'est le moment où elles doivent se reposer. Pensez-vous vraiment qu'elles peuvent le faire dans cette position ? »

C'est pourtant vrai. Les chaussettes et collants rangés dans votre tiroir sont en vacances. Au quotidien, ils encaissent les coups, coincés entre votre pied et votre chaussure, devant supporter la pression et les frictions dans le seul but de protéger vos précieux pieds. Le seul moment où ils peuvent se reposer, c'est quand ils sont dans votre tiroir. Mais, s'ils sont repliés, mis en boule ou attachés, ils sont constamment en tension, leur tissu est étiré et leur élasticité mise à mal. Ils roulent et s'entrechoquent chaque fois que vous ouvrez ou fermez votre tiroir. Les chaussettes ou collants ayant le malheur de se retrouver au fond du tiroir sont souvent oubliés pendant si longtemps que leur élastique est irrémédiablement endommagé. Lorsque vous finissez par les redécouvrir et que vous les mettez, il est trop tard et ils se retrouvent à la poubelle. Quel pire traitement pourriez-vous leur réserver?

Commençons par la façon de plier vos collants. Si vous les avez attachés, défaites d'abord le nœud! Mettez les pieds l'un sur l'autre, puis pliez-les en deux dans le sens de la longueur. Pliez-les ensuite en trois en veillant à ce que les pieds soient à l'intérieur et non à l'extérieur et à ce que l'élastique de la taille dépasse légèrement en haut. Pour finir, roulez le collant en remontant vers la taille. Si l'élastique de la taille se retrouve à l'extérieur une fois l'opération terminée, c'est que vous vous y êtes bien pris. Procédez de même avec les demibas. Avec les collants d'hiver, plus épais, il est plus facile de les rouler si vous les pliez en deux et non en trois. L'essentiel est que vos collants soient fermes et stables une fois pliés, un peu comme des rouleaux de makis.

Pour ranger les collants dans votre tiroir, disposez-les debout avec les plis en accordéon visibles. Si vous les entreposez dans des tiroirs en plastique, je vous conseille de les mettre d'abord dans une boîte en carton afin qu'ils ne glissent pas et ne finissent pas par se dérouler. Mettez ensuite la boîte dans le tiroir. Une boîte à chaussures présente la taille idéale pour séparer les collants. Cette méthode est optimale car elle vous permet de voir d'un seul coup d'œil le nombre de paires de collants dont vous disposez, de les conserver intacts et de préserver leur douceur, de sorte que vous pourrez les enfiler bien plus facilement. Et vos collants seront ainsi bien plus heureux.

Plier les chaussettes est encore plus simple. Si vous avez replié le haut, commencez par le déplier. Placez les deux chaussettes l'une sur l'autre et suivez les principes de pliage des vêtements. Pour les socquettes courtes (qui s'arrêtent au-dessous de la cheville, ne recouvrant que le pied), il suffit de les plier en deux, pour les socquettes (qui s'arrêtent juste au-dessus de la cheville), en trois, pour les chaussettes montantes (qui s'arrêtent juste au-dessous du genou) et les jambières (qui s'arrêtent juste au-dessus du genou), en quatre, cinq ou six. Vous pouvez ajuster le nombre de plis de façon à obtenir la hauteur la mieux adaptée au tiroir. C'est facile. Tâchez simplement d'obtenir un rectangle, élément clé du pliage. Entreposez les chaussettes sur chant, comme les vêtements. Vous serez surpris du peu d'espace nécessaire comparé aux « patates » que vous formez en les mettant en boules et pourrez entendre leur soulagement lorsque vous déferez leurs liens.

Lorsque je vois des élèves porter des chaussettes montantes qui froncent, je meurs d'envie de leur dire comment les plier correctement.

Les vêtements de saison

Pas besoin de mettre de côté les vêtements qui ne sont plus de saison

Juin est la saison des pluies au Japon. C'est également traditionnellement le mois du *koromogae*, qui consiste à passer aux vêtements d'été et est précédé de plusieurs semaines de rangement, stockage des vêtements d'hiver et sortie des tenues estivales. Cette période me rappelle toujours que je procédais moi aussi de la sorte. Mais cela fait des années que je ne m'embête plus à mettre de côté les vêtements qui ne sont plus de saison. La coutume du *koromogae* vient de Chine et a été introduite au Japon pendant la période de Heian (794-1185) dans les institutions. Ce n'est qu'à la fin du XIXᵉ siècle, lorsque les ouvriers et étudiants ont commencé à porter l'uniforme, que la coutume est entrée dans le monde du travail et de l'éducation. Dans les entreprises et les écoles, on revêt officiellement l'uniforme d'été au début du mois de juin et l'uniforme d'hiver au début du mois d'octobre. Autrement dit, cette règle n'était appliquée qu'au sein des organisations et son extension aux foyers des particuliers n'était pas vraiment nécessaire.

Mais, comme tout bon Japonais qui se respecte, j'étais également convaincue que je devais mettre de côté les affaires hors saison et déballer les vêtements de saison deux fois par an, en juin et octobre. Je passais ces deux mois à vider et remplir frénétiquement le contenu des penderies et tiroirs. Pour être honnête, je trouvais cette coutume pénible. Si la robe que je voulais mettre se trouvait sur la dernière étagère, tout en haut d'un placard, j'estimais que c'était un vrai remue-ménage de devoir descendre et fouiller le carton dans lequel elle était remisée. Dans ce cas, je choisissais plutôt de mettre autre chose. Certaines années, lorsque je ne me décidais à déballer mes vêtements d'été qu'en juillet, je m'apercevais que, dans l'intervalle, je m'étais acheté des tenues similaires à celles que je possédais déjà. Souvent, dès que je sortais mes vêtements d'été, le temps se refroidissait soudain.

La coutume consistant à mettre de côté les vêtements qui ne sont plus de saison est démodée. Avec l'introduction de la climatisation et du chauffage central, nos logements sont moins touchés par la météo. Il n'est pas rare de voir des personnes porter désormais des T-shirts à l'intérieur, même en hiver. Le moment est donc venu de ne plus respecter cette coutume et de garder sous la main tous nos vêtements à longueur d'année, quelle que soit la saison.

Mes clients adorent cette approche, qui ne nécessite pas l'emploi de techniques complexes, précisément parce qu'ils peuvent choisir à tout moment tous les vêtements dont ils disposent. Il vous suffit de les ranger en partant du principe que vous n'allez pas mettre de côté les vêtements hors saison. L'astuce consiste à ne pas définir trop de catégories. Lorsque vous les mettez dans un tiroir, classez vos vêtements en « coton et matières similaires » et « laine et matières similaires ». Il faut éviter de les classer par saison — été, automne, hiver et printemps — ou par type d'activité, comme travail et loisirs, car cela reste trop vague. Si mon client a un espace de stockage limité, je ne lui fais mettre de côté que de petites choses, comme les maillots de bain et les casquettes pour la saison d'été et les écharpes, gants et chapeaux pour la saison d'hiver. Dans la mesure où ils sont imposants, les manteaux peuvent rester dans la penderie quand ce n'est plus le moment de les porter.

Pour ceux d'entre vous qui manquent d'espace, voici quelques conseils pour ranger vos vêtements hors saison. Nombre de gens les mettent dans des caisses en plastique munies d'un couvercle. Il s'agit cependant du contenant le moins pratique. Une fois la caisse dans un placard, vous allez immanquablement poser quelque chose dessus et, quand il faudra ensuite la sortir pour fouiller à l'intérieur, ce sera la croix et la bannière. Vous finissez alors par l'oublier jusqu'à l'arrivée de la bonne saison. Si vous envisagez d'acheter très bientôt des meubles de rangement, je vous conseille un meuble à tiroirs. Veillez à ne pas enfouir de vêtements au fond d'un placard, même s'ils ne sont pas de saison. Les vêtements mis au ban de votre garde-robe pendant six mois ont l'air de suffoquer. Aérez-les et exposez-les à la lumière de temps en temps. Ouvrez le tiroir et passez vos mains sur les vêtements qu'il contient. Dites-leur que vous tenez à eux et que vous avez hâte de les porter de nouveau une fois la bonne saison arrivée. Ce genre de « communication » permet à vos vêtements de rester animés et dynamiques et fait perdurer votre relation avec eux.

Entreposer ses livres

Mettez tous vos livres à même le sol

Une fois que vous avez fini d'organiser et de ranger vos vêtements, le moment est venu de passer aux livres. Les livres font
partie des objets que les gens ont du mal à jeter. Nombre de
personnes avouent, qu'elles soient avides de lecture ou non,
ne pas arriver à s'en séparer, mais le problème réside en fait
dans la manière de procéder.

L'une de mes clientes, une femme d'une trentaine
d'années qui travaillait pour un cabinet de conseil étranger,
adorait les livres. Non seulement elle avait lu tout ce qui
était sorti sur son domaine d'activité, mais également un
large éventail de romans et ouvrages illustrés. Sa chambre
était naturellement remplie de livres, pour une partie entreposés sur trois grandes étagères montant jusqu'au plafond.
Mais la pièce comprenait également 20 piles instables d'un
mètre de haut posées à même le sol. Lorsque j'ai circulé
dans la chambre, j'ai dû me contorsionner et zigzaguer pour
éviter de les faire tomber. Je lui ai dit comme à tous mes
clients : « Commencez par mettre par terre tous les livres
qui sont sur vos étagères. »

Elle a écarquillé les yeux. « Tous ? Mais il y en a
énormément.

— Oui, je sais. Tous, s'il vous plaît.

— Mais… » Elle a hésité un instant, comme si elle cherchait ses mots. « Ça ne serait pas plus facile de faire une

sélection pendant qu'ils sont encore sur les étagères et que l'on voit les titres ? »

Les livres sont généralement disposés dans une bibliothèque, avec les titres bien visibles. Il semble donc plus logique de trier et jeter ceux dont vous souhaitez vous débarrasser quand vous pouvez facilement les identifier. En outre, les livres sont lourds. Les ôter des étagères pour les replacer ensuite peut vous paraître un effort inutile... Mais ce n'est pas une raison pour sauter cette étape. Sortez tous les livres de votre bibliothèque. Vous ne pouvez savoir si un livre vous tient vraiment à cœur si vous le laissez en place. À l'instar des vêtements et des autres effets personnels, les livres restés longtemps sur une étagère sans avoir été ouverts dorment. Ou je devrais plutôt dire qu'ils sont « invisibles ». Ils ont beau être bien apparents, vous ne les voyez pas, comme une sauterelle sur une pelouse qui se confond avec son environnement.

Si, en regardant ces objets sur vos étagères ou dans vos tiroirs, vous vous demandez « Est-ce qu'ils sont source de plaisir à mes yeux ? », cette question n'aura pas beaucoup de sens pour vous. Pour vraiment savoir si vous souhaitez garder ou vous débarrasser d'objets, vous devez les faire sortir de leur hibernation. Même les livres empilés à même le sol seront plus faciles à évaluer si vous les déplacez ou refaites les piles. Comme lorsque vous secouez légèrement quelqu'un pour le réveiller, nous pouvons stimuler nos affaires en les déplaçant, en les sortant au grand air et en leur donnant une « conscience ».

Lorsque j'aide mes clients à ranger leur maison ou leur bureau, je me tiens devant le tas de livres empilés par terre et je tape dans mes mains ou je caresse légèrement les couvertures. Certes, mes clients me regardent dans un premier temps l'air interloqué, mais ils constatent ensuite avec surprise qu'ils parviennent rapidement à faire leur choix. Ils voient alors précisément les titres dont ils ont et n'ont pas besoin. Il est bien plus difficile d'opérer une sélection lorsque les livres sont encore sur leurs étagères, car ils devront par la suite répéter le processus. Si les livres sont bien trop nombreux pour tenir tous par terre, je demande à mes clients de les classer en quatre grandes catégories :

- Généralités (les livres que vous lisez pour vous détendre)
- Pratiques (livres de référence, livres de cuisine, etc.)
- Visuels (collections de photographies, etc.)
- Magazines

Une fois vos livres empilés, prenez-les un par un dans vos mains et décidez si vous souhaitez les garder ou les jeter. Bien entendu, le critère de choix est le frisson de plaisir ressenti en les touchant. Gardez bien à l'esprit qu'il s'agit de les *toucher*. Veillez à ne pas commencer à les lire, car la lecture obscurcit votre jugement. Au lieu de vous concentrer sur ce que vous ressentez, vous allez vous interroger sur leur utilité. Imaginez-vous avec une étagère remplie de livres que vous aimez vraiment. L'image n'est-elle pas envoûtante ? Pour un amoureux des livres, c'est le bonheur absolu, n'est-ce pas ?

Les livres toujours pas lus

« Un de ces jours » signifie « jamais »

Les raisons les plus fréquemment invoquées pour ne pas se débarrasser d'un livre sont : « Je le lirai peut-être » ou : « Je pourrais avoir envie de le relire. » Prenez un moment pour compter les livres faisant partie de vos préférés, à savoir ceux que vous avez lus plus d'une fois. Combien sont-ils ? Pour certaines personnes, il n'y en a que cinq, tandis que pour des lecteurs exceptionnels, on avoisine la centaine. Cependant, les personnes qui en relisent autant exercent des professions particulières, expert ou écrivain. Vous trouverez très rarement des gens tout à fait ordinaires comme moi qui lisent tant de livres. Regardons les choses en face : vous relirez très peu de vos livres. Comme pour les vêtements, nous devons nous arrêter un instant pour réfléchir au rôle joué par les livres.

Les livres sont essentiellement du papier — des feuilles de papier assemblées comprenant des lettres imprimées. Leur véritable fonction est d'être lus, de transmettre des informations à leurs lecteurs. Ce sont les données qu'ils contiennent qui ont un sens et non le simple fait de trôner sur vos étagères.

Vous lisez pour l'expérience que la lecture procure. Le contenu des livres déjà lus est en vous, même si vous ne vous en souvenez pas. Par conséquent, au moment de décider quels ouvrages garder, ne vous demandez pas si vous les relirez ou si vous avez assimilé leur contenu. Prenez-les simplement dans vos mains et demandez-vous s'ils vous émeuvent ou non. Ne gardez que les livres dont la simple vue sur vos étagères vous rendra heureux, ceux que vous aimez vraiment. Cela vaut également pour le présent ouvrage. Si vous ne ressentez aucune joie quand vous le tenez, je préférerais que vous vous en débarrassiez.

Et concernant ces livres dont vous n'avez pas terminé la lecture ou ceux que vous avez achetés, mais pas encore commencés? Que faire de ces ouvrages que vous avez l'intention de lire «un de ces jours»? Internet a facilité l'achat de livres, mais le revers de la médaille, me semble-t-il, est la prolifération dans les foyers de ces livres toujours pas lus. Il n'est pas rare que les gens achètent un livre, puis s'en procurent un deuxième peu de temps après, alors qu'ils n'ont pas encore lu le premier. C'est ainsi que s'accumulent les livres non lus. Le problème des livres que nous avons l'intention de lire «un de ces jours», c'est qu'il est bien plus difficile de s'en débarrasser.

Un jour, je donnais un cours au président d'une entreprise sur la façon de faire le ménage dans son bureau. Ses étagères étaient remplies d'ouvrages aux titres ardus — courants chez les gens de son statut — tels que des classiques écrits par exemple par Drucker et Carnegie, ainsi que des titres à succès très récents. J'avais l'impression de me trouver dans une librairie. En voyant sa collection, un sentiment d'angoisse m'a prise. Comme je m'en doutais, lorsqu'il a commencé à les trier, il a empilé les livres « à garder » en me disant qu'il ne les avait pas encore lus. Quand il a eu fini, cette pile comportait 50 ouvrages et il n'en avait pas « sacrifié » un seul. Quand je lui ai demandé pourquoi il les gardait, il m'a fourni la réponse classique figurant sur ma liste des réponses les plus fréquentes : « Parce que je vais peut-être les lire un de ces jours. » Par expérience, j'ai le regret de vous dire tout de suite que ce « un de ces jours » ne viendra jamais.

Si vous loupez l'occasion de lire un livre en particulier, même si on vous l'a recommandé ou si vous aviez l'intention de le lire depuis des lustres, le moment est venu de vous en séparer. Vous souhaitiez peut-être le lire lorsque vous l'avez acheté, mais si vous ne l'avez toujours pas lu, c'est que vous n'en aviez pas besoin. Il est inutile de terminer la lecture de livres à moitié lus. Leur destin était d'être lus à moitié. Débarrassez-vous donc de ceux que vous n'avez toujours pas lus. Il vaut vraiment mieux lire ce livre qui vous attire actuellement que celui que vous avez laissé prendre la poussière pendant des années.

Les personnes disposant d'une grande collection de livres sont presque toujours des lecteurs assidus. Voilà pourquoi il n'est pas rare que je découvre des ouvrages de référence et des guides dans les bibliothèques de mes clients. Les manuels et guides d'acquisition de qualifications portent souvent sur des sujets incroyablement divers allant de la philosophie à la peinture, en passant par l'informatique, l'aromathérapie et la comptabilité. Je suis parfois effarée par les apprentissages auxquels s'intéressent mes clients. Nombre d'entre eux conservent également leurs manuels d'étudiant et leurs cahiers d'écriture remontant à l'époque où ils étaient écoliers.

Par conséquent, si, comme bon nombre de mes clients, vous possédez des livres appartenant à cette catégorie, je vous prie instamment d'arrêter d'affirmer que vous vous en servirez un jour et de vous en débarrasser aujourd'hui même. Pourquoi? Parce qu'il est très peu probable que vous les relisiez. Parmi toute ma clientèle, moins de 15% se servent encore de ce genre d'ouvrages. Quand ils m'expliquent pourquoi ils y tiennent, leurs réponses tournent toutes autour de ce qu'ils ont l'intention d'en faire «un de ces jours». «J'aimerais me pencher dessus un de ces jours», «Je les lirai quand j'aurai un peu plus de temps», «Je pensais que ça me serait utile pour bien maîtriser le français», «Je souhaitais étudier la comptabilité parce que je suis dans le management». Si vous n'êtes pas encore passé de l'intention à l'action, jetez ce livre. Ce n'est qu'en vous débarrassant de cet ouvrage que vous saurez à quel point ce sujet vous passionne. Si votre sentiment reste inchangé après l'avoir jeté, c'est que tout va bien. S'il vous manque terriblement au point de vouloir en acheter un autre exemplaire, rendez-vous dans une librairie. Et, cette fois-ci, lisez-le.

Les livres à garder

Ceux qui méritent leur place
dans votre panthéon

Ma collection comprend désormais en permanence 30 livres mais, par le passé, j'avais beaucoup de mal à me séparer de livres parce que je les adorais. La première fois que j'ai fait du tri dans ma bibliothèque en me fondant sur la joie qu'ils me procuraient, il me restait au final 100 ouvrages. Si ce chiffre n'a rien d'excessif par rapport à la moyenne, j'avais le sentiment de pouvoir encore réduire la voilure. Un jour, j'ai décidé de me pencher de plus près sur les livres que je possédais. J'ai commencé par ceux que je considérais comme absolument impossibles à jeter. En première position sur ma liste figurait *Alice au pays des merveilles*, que j'avais lu à de multiples reprises depuis l'école primaire. Des livres tels que celui-ci, qui figure à mon panthéon personnel, sont faciles à identifier. Je suis ensuite passée aux livres qui me mettaient en joie mais ne méritaient pas leur place au panthéon. Le contenu de cette catégorie change naturellement au fil du temps, mais ces livres sont ceux que je tiens absolument à garder actuellement. À l'époque figurait en bonne place un ouvrage intitulé *L'Art de jeter*, qui m'a ouvert les yeux sur le rangement, même si je ne l'ai plus aujourd'hui. Les livres procurant ce degré de joie sont à garder.

Les plus difficiles à traiter sont ceux apportant une joie modérée – qui contiennent des mots et des expressions qui vous touchent et que vous pourriez avoir envie de relire. Il est très difficile de s'en séparer. Si je ne prenais aucun plaisir à m'en débarrasser, je ne pouvais occulter le fait qu'ils me procuraient une joie modérée. J'ai commencé à chercher un moyen de leur dire adieu sans regret et je suis finalement tombée sur ce que j'appelle la « méthode de réduction du volume ». M'étant rendu compte que je souhaitais à tout prix conserver, non pas le livre, mais certaines informations ou des termes bien précis qu'il renfermait, j'ai réalisé que pour conserver le strict nécessaire, je devais être capable de jeter le reste.

J'ai eu l'idée de copier les phrases qui m'inspiraient le plus dans un carnet. Je pensais qu'avec le temps, ce carnet deviendrait ma collection d'adages préférés. J'aurais peut-être plaisir à les relire plus tard et ils symboliseraient l'évolution de mes centres d'intérêt. J'ai sorti avec enthousiasme un carnet que j'aimais, puis j'ai démarré mon projet. J'ai commencé par souligner les passages à reproduire, puis j'ai écrit le titre de l'ouvrage dans mon carnet, avant d'entamer la transcription. Mais j'ai très vite pris conscience que ce processus demandait bien trop de travail. La transcription prenait du temps et, pour être en mesure de me relire des années plus tard, mon écriture devait être soignée. Copier 10 citations d'un seul livre me prendrait au bas mot une demi-heure. La perspective de devoir procéder ainsi pour 40 livres me donnait le vertige.

Mon plan B était d'utiliser un photocopieur, puis de découper les passages retenus avant de les coller dans mon carnet. Je pensais que cette méthode serait bien plus rapide et simple. Mais, quand je l'ai mise en pratique, j'ai constaté que cela représentait encore plus de travail. J'ai finalement décidé d'arracher la page du livre. Coller des pages dans un carnet étant également pénible, j'ai simplifié le processus en les glissant dans un dossier. Cela ne me prenait que 5 minutes par livre et j'ai réussi à me débarrasser de 40 livres tout en conservant les passages qui me plaisaient. Le résultat m'a ravie. Deux ans après avoir lancé cette «méthode de réduction du volume», j'ai soudain eu un éclair de lucidité. Je n'avais jamais ouvert le dossier créé. Tous ces efforts n'avaient simplement servi qu'à soulager ma conscience.

Dernièrement, j'ai remarqué que le fait de posséder moins de livres amplifie l'impact des informations lues. J'identifie bien plus facilement les informations nécessaires. Nombre de mes clients, surtout ceux qui ont jeté un grand nombre de livres et de papiers, m'en ont également fait la remarque. En matière de livres, le timing est fondamental. Lorsque vous tombez sur un livre, c'est le moment de le lire. Pour éviter de louper ce moment, je vous conseille de veiller à ce que votre collection demeure d'une taille modeste.

Trier les papiers

La règle d'or : tout jeter
Une fois que vous avez fini de ranger vos livres, le moment est venu de passer aux papiers. Par exemple, le porte-lettres

déborde d'enveloppes, les prospectus jonchent tout votre plan de travail, l'invitation à la réunion parents-professeurs est restée à côté du téléphone, les journaux des derniers jours sont empilés sur votre table de salon. Au sein d'un logement, il existe de nombreux endroits où les papiers ont tendance à former des monticules.

On considère généralement que le volume de papiers est bien inférieur à la maison qu'au bureau, mais c'est faux ! La quantité minimale de papiers que mes clients jettent généralement tient dans deux sacs-poubelle de 45 litres, le record étant de 15 sacs-poubelle. J'entends souvent dire que la déchiqueteuse de mes clients a un problème de bourrage. Il est extrêmement difficile de traiter un tel volume de papiers, mais il m'arrive de rencontrer des clients étonnants dont la faculté de classement est à couper le souffle. Quand je leur demande : « Comment faites-vous pour gérer vos papiers ? », ils se lancent dans des explications très approfondies.

« Les papiers qui concernent les enfants vont dans ce dossier. Celui-ci contient toutes mes recettes. Les coupures de presse vont là et les notices des appareils électroménagers sont conservées dans cette boîte… » Ils ont trié leurs papiers à l'aide d'un système si sophistiqué que mon esprit décroche parfois en plein milieu de leur démonstration. Je l'avoue, je déteste classer les papiers ! Je n'utilise jamais de dossiers ou d'étiquettes. Ce système fonctionne peut-être très bien dans un contexte professionnel, où les employés se servent des mêmes documents, mais, à la maison, il n'est absolument pas nécessaire de recourir à une méthode de classement détaillée à ce point.

Pour trier mes papiers, mon principe de base est de les jeter tous. Mes clients sont abasourdis lorsque je dis ça, mais il n'y a rien de plus ennuyeux que la paperasse. Après tout, les papiers ne seront jamais une source de plaisir, même si vous en prenez grand soin. C'est pour cela que je vous conseille de jeter tous les éléments qui n'entrent pas dans l'une des trois catégories suivantes : en cours d'utilisation, à utilité limitée dans le temps et à garder indéfiniment.

Au fait, le terme « papiers » n'englobe pas tout ce qui a une valeur sentimentale, comme les vieilles lettres d'amour ou les journaux intimes. Si vous essayez de trier ces deux types de documents, vous risquez de ralentir très sérieuse-ment votre rythme de rangement. Limitez-vous au tri de papiers qui ne vous touchent absolument pas et chargez-vous de cette tâche en une seule fois. Gardez les lettres d'amis et d'amour pour le moment où vous vous occuperez des choses sentimentales.

Une fois traités ces papiers qui ne vous mettent pas en joie, que faire de ceux que vous avez décidé de garder ? Ma méthode de classement est extrêmement simple. Je les répartis dans l'une des deux catégories suivantes : les papiers à conserver et les papiers à traiter. Bien que j'aie pour principe de jeter tous les papiers, ces deux catégories sont les seules dans lesquelles je fais entrer les papiers dont il n'est pas possible de se séparer : les courriers nécessitant une réponse, les formulaires à remplir puis à renvoyer, un journal que j'ai l'intention de lire – repérez les papiers de ce type dont vous allez devoir vous occuper. Veillez à les réunir en un seul endroit. Ne les laissez jamais envahir d'autres parties de la maison. Je vous recommande d'employer un dispositif de rangement vertical dans lequel les papiers peuvent être stockés debout et de lui réserver un endroit bien précis. Tous les papiers demandant votre attention doivent y trouver leur place, sans exception.

Concernant les papiers à conserver indéfiniment, je les répartis en fonction de leur fréquence d'utilisation. Là encore, mon mode de classement est très simple. D'un côté se trouvent les papiers consultés peu fréquemment et, de l'autre, ceux dont je me sers plus souvent. Parmi les premiers figurent les contrats d'assurance, le bail ou le certificat de propriété de la maison. Il faut malheureusement les garder systématiquement, malgré le peu de joie qu'ils vous procurent. Dans la mesure où vous ne devrez presque jamais sortir les papiers de cette catégorie, nul besoin de chercher très longtemps un mode de conservation. Je vous conseille de les mettre tous dans une seule chemise, sans créer de sous-catégories.

L'autre catégorie, dans laquelle entrent les papiers que vous consultez plus souvent, comprend par exemple les brochures de séminaires et les coupures de presse. Ils sont sans grande importance, mais vous devez pouvoir y accéder et les lire facilement. Voilà pourquoi je recommande de les insérer dans des chemises de classement transparentes. Cette catégorie est la plus délicate à traiter. Bien qu'il s'agisse de papiers qui ne sont pas vraiment indispensables, ils ont tendance à se multiplier. Pour organiser vos papiers, il est crucial de diminuer le volume de cette catégorie.

Il n'existe que trois catégories de papiers : à traiter, à conserver – documents contractuels et à conserver – et autres. Il est essentiel de grouper tous les papiers d'une catégorie dans la même chemise et de résister à la tentation de les subdiviser en sous-catégories. Autrement dit, trois chemises suffisent. N'oubliez pas que la chemise « à traiter » devrait être vide. Si elle contient des papiers, cela signifie que vous avez laissé des choses en suspens dans votre vie. Bien que je ne sois jamais parvenue à vider totalement ma boîte « à traiter », c'est l'objectif vers lequel nous devrions tous tendre.

Tout sur les papiers

Comment ranger les papiers qui posent problème

Mon principe élémentaire est de jeter tous les papiers, mais il en reste toujours certains dont il est délicat de se débarrasser. Voyons comment s'en occuper.

Les supports de cours

Ceux qui aiment étudier assistent très probablement à des séminaires ou des cours sur divers sujets tels que l'aromathérapie, la logique ou le marketing. Au Japon, il existe une tendance récente consistant à suivre des séminaires très tôt le matin. Les contenus et plages horaires se diversifient, offrant donc un choix très large. Pour les participants, les documents produits avec zèle par le formateur s'apparentent à un titre d'honneur et sont donc difficiles à mettre à la poubelle. Mais quand je me rends dans la maison de ces apprenants passionnés, je constate que ces supports de cours usurpent une grande partie de leur espace, générant une certaine oppression.

L'une de mes clientes, une femme d'une trentaine d'années, travaillait pour une agence de publicité. Lorsque je suis entrée dans sa chambre, j'ai eu l'impression de me trouver dans un bureau. J'avais sous les yeux des rangées entières de dossiers aux titres soigneusement mis en évidence. « Ce sont tous les documents tirés des séminaires auxquels j'ai assisté », m'a-t-elle dit. Elle reconnaissait être une fanatique de séminaires et avait donc archivé les supports de chacun d'eux.

Les gens soutiennent souvent qu'ils « se pencheront de nouveau un de ces jours sur ces documents », mais ne le font pour ainsi dire jamais. En outre, la majorité d'entre eux disposent généralement de documents tirés de plusieurs séminaires portant sur le même sujet. Pourquoi ? Parce qu'ils n'ont pas retenu ce qu'ils ont appris. Ce n'est pas une critique. Je souhaite simplement vous montrer pourquoi il ne vaut pas la peine de conserver la documentation des séminaires auxquels vous avez assisté. Si vous ne mettez pas en pratique les principes acquis, ces cours ne servent à rien. Le cours prend toute sa valeur dès la première minute où nous le suivons et il est essentiel d'en tirer pleinement parti en appliquant les notions acquises dès qu'il s'achève. Pourquoi les gens paient-ils de petites fortunes pour ces formations alors qu'ils pourraient en découvrir le contenu dans un livre ou ailleurs ? Parce qu'ils souhaitent ressentir la passion du formateur et évoluer dans cet environnement d'apprentissage. Par conséquent, le vrai support est le séminaire ou l'événement proprement dit, à vivre sur l'instant.

Lorsque vous assistez à un cours, soyez déterminé à jeter tous les supports distribués. Si le fait de vous en séparer vous déchire le cœur, suivez de nouveau le séminaire en appliquant cette fois-ci ce que vous avez appris. Cela peut paraître paradoxal, mais je suis persuadée que nous ne mettons pas en pratique ce que nous apprenons précisément parce que nous nous accrochons à cette documentation. La plus grande collection de supports de séminaires sur laquelle je suis tombée jusqu'à présent comptait 190 dossiers. Inutile de dire que je les ai tous fait jeter.

Les relevés de compte
Autre chose à jeter : tous vos relevés de compte, qui servent à une seule chose pour la plupart des gens : contrôler les dépenses sur un mois donné. Par conséquent, une fois que vous avez vérifié l'exactitude du contenu de votre relevé et que vous avez reporté le chiffre correspondant sur le dossier personnel par poste du foyer, si vous en tenez un, séparez-vous du relevé, il a joué son rôle. Faites-moi confiance, vous n'avez aucune raison de vous sentir coupable.

Est-ce que vous voyez un autre moment où vous aurez vraiment besoin de votre relevé ? Vous imaginez peut-être devoir le produire devant un tribunal pour prouver le montant de vos dépenses. Cela n'arrivera pas et il est inutile de conserver précieusement ces relevés jusqu'à votre mort.

De tous mes clients, ceux qui ont eu le plus de difficultés à jeter des papiers étaient un couple d'avocats. Ils n'arrêtaient pas de me demander : « Et si on doit présenter ce document en justice ? » Au début, ils progressaient très peu, mais ils ont fini par être capables de jeter presque tous leurs papiers sans problème. S'ils y sont arrivés, vous le pouvez également.

Les garanties des appareils électroménagers
Qu'il s'agisse d'une télévision ou d'un appareil photo numérique, lorsque vous achetez un appareil électroménager, on vous fournit une garantie. Il s'agit de la catégorie de documents que l'on retrouve invariablement dans les foyers et que presque tout le monde garde précieusement. Mais la méthode de conservation de ces documents est presque toujours erronée.

En général, les gens rangent leurs garanties dans des pochettes transparentes en plastique ou des dossiers à soufflets. Ces contenants présentent l'avantage de conserver les documents dans des compartiments séparés. Mais c'est aussi là que réside le piège, car il est alors possible d'oublier les documents qu'ils renferment. La plupart des gens conservent dans le même dossier non seulement la garantie, mais également le manuel d'utilisation. Commençons donc par jeter ces manuels. Jetez-y un œil. Les avez-vous déjà utilisés ? En général, seuls quelques manuels sont indispensables, comme celui de l'ordinateur ou de l'appareil photo numérique, et ils sont tellement épais qu'ils ne tiennent pas dans une chemise. En gros, vous pouvez donc sans souci vous débarrasser de tous les manuels stockés dans la chemise où se trouvent les garanties.

À ce jour, tous mes clients ont jeté la plupart de leurs manuels d'utilisation, dont ceux de leur PC et de leur appareil photo, et aucun n'a rencontré le moindre souci. En cas de problème, ils peuvent le résoudre eux-mêmes en manipulant la machine, en recherchant des solutions sur Internet ou en se rendant au magasin où ils l'ont achetée. Je vous l'assure, vous pouvez les jeter sans le moindre scrupule.

Revenons aux garanties. Mon conseil est de les mettre toutes dans un même dossier bien identifié, sans créer de sous-catégories. On utilise les garanties une fois par an, et encore. Quel intérêt de les trier quand la probabilité de leur usage reste très faible ? En outre, si vous les mettez dans des chemises séparées, vous devrez de toute façon les passer en revue pour trouver la bonne, alors autant les placer toutes dans un même dossier, puis fouiller l'unique tas.

Si votre système de tri est trop élaboré, avec des sous-catégories, vous passerez à côté de certaines garanties expirées, ce dont vous ne pouvez vous apercevoir que lorsque vous feuilletez le tas lors d'une recherche. Et, souvent, vous n'avez même pas besoin d'acheter un dossier transparent pour conserver vos garanties car il y en a toujours au moins un qui traîne dans la maison. Enfin, cette méthode prend dix fois moins de place que les méthodes de conservation conventionnelles.

Les cartes de vœux

Au Japon, la coutume veut que l'on s'envoie des cartes de vœux (dont bon nombre renferment des numéros de loterie) à l'occasion de la nouvelle année. Cela signifie que chaque carte a joué son rôle dès que le destinataire a terminé de la lire. Lorsque ce dernier a vérifié si les numéros figurant sur la carte sont gagnants, il peut la jeter en lui étant reconnaissant de lui avoir transmis les égards de l'expéditeur. Si vous conservez les cartes afin de disposer des adresses de vos correspondants pour l'année suivante, ne gardez que celles de l'année en cours et jetez celles qui ont deux ans ou plus, sauf si elles vous réchauffent le cœur.

Les carnets de chèques terminés

Les carnets de chèques terminés sont… terminés. Vous ne les consulterez plus et, même si vous le faites, cela ne va pas pour autant augmenter par magie le solde de votre compte en banque. Alors, poubelle !

Les bulletins de salaire

Le bulletin de salaire est destiné à vous informer du montant que vous avez touché lors du mois qui vient de s'achever. Une fois que vous l'avez inspecté, il n'est plus utile.

Komono (éléments divers 1)

Gardez les choses parce que vous les aimez et non « juste au cas où »

Un jour, chez un client, j'ouvre un tiroir et je découvre une étrange petite boîte, n'attendant que d'être ouverte, comme un livre excitant qui promet de vous raconter une histoire fascinante. Mais, à mes yeux, cette boîte n'a rien d'excitant car je sais précisément ce que je vais trouver à l'intérieur : de la petite monnaie, des épingles à cheveux, des gommes, des boutons de rechange, les pièces d'une montre, des piles, usagées ou non, des médicaments qui ne sont plus dans leur boîte, des porte-bonheur, des porte-clés et la liste est encore longue. Je sais déjà ce que le client va me répondre si je lui demande pourquoi toutes ces choses sont dans cette boîte : « Juste au cas où ».

Dans une maison, de nombreux objets subissent le même sort. Ils sont rangés et s'accumulent « juste au cas où », sans que nous y pensions très souvent. J'ai baptisé cette catégorie *komono*, terme japonais que le dictionnaire définit de diverses manières : « petits articles ; éléments divers ; accessoires ; gadgets ou petits outils ; pièces ; personne insignifiante ; menu fretin ». Pas étonnant que les gens ne sachent pas quoi faire de choses entrant dans une catégorie si vague et fourre-tout. Le moment est pourtant venu de dire adieu à cette approche « juste au cas où ». Ces objets jouent un rôle important dans votre mode de vie et méritent donc d'avoir votre attention et d'être triés correctement.

Contrairement aux vêtements et aux livres, cette catégorie renferme tout un éventail d'objets différents et la perspective de devoir les trier et les ranger peut être effrayante. Mais, si vous les prenez dans le bon ordre, vous constaterez que cette tâche est en fait assez simple. Voici l'ordre élémentaire de tri du *komono* :

- CD, DVD
- Produits de soin pour la peau
- Maquillage
- Accessoires
- Objets de valeur (passeport, cartes bancaires, etc.)
- Appareils électroménagers (appareil photo numérique, cordons électriques, tout ce qui semble vaguement « électrique »)
- Équipement ménager (papier à lettres et matériel d'écriture, aiguilles à tricoter, etc.)
- Fournitures pour la maison (consommables comme les médicaments, les détergents, les mouchoirs en papier, etc.)
- Ustensiles de cuisine, vivres
- Autre
  (Si vous avez de nombreux objets liés à un loisir en particulier, comme le matériel de ski, créez une sous-catégorie à part.)

Je vous conseille d'adopter cet ordre précis car il est plus facile de commencer par des objets personnels et clairement identifiés. Si vous vivez seul, vous n'avez pas besoin de vous soucier de l'ordre, à partir du moment où vous traitez une sous-catégorie à la fois. Trop de personnes vivent entourées de choses inutiles qu'elles gardent « juste au cas où ». Je vous conseille vivement de faire l'inventaire de votre *komono* et de garder seulement (je dis bien seulement) les objets qui vous apportent de la joie.

La petite monnaie

« Dans mon porte-monnaie », votre nouveau slogan

Avez-vous des pièces jaunes qui traînent un peu partout, au fond d'un tiroir ou sur la table du salon ? Je trouve toujours des pièces quand je vais chez un client pour l'aider à mettre de l'ordre dans sa maison. L'objet roi de la catégorie *komono* est la petite monnaie. Vous pouvez trouver des pièces dans l'entrée, la cuisine, la salle de séjour, la salle de bains, sur le dessus d'un meuble et dans les tiroirs. Bien qu'elles aient elles aussi une valeur monétaire, les pièces sont bien moins respectées que les billets. Il est étrange qu'elles traînent partout dans la maison, où elles ne sont pourtant d'aucune utilité.

Quand mes clients tombent sur des pièces pendant leur séance de rangement, je m'assure qu'ils les mettent dans leur porte-monnaie ou portefeuille et jamais dans une tirelire.

Contrairement aux autres catégories, vous n'avez pas besoin de rassembler les pièces, contentez-vous de les mettre dans votre porte-monnaie au fur et à mesure que vous tombez dessus. Si vous les mettez dans une tirelire, vous ne faites que les déplacer dans un autre endroit, où elles seront tout autant négligées. Les gens qui vivent dans une maison depuis longtemps sont particulièrement enclins à oublier les petites caches où se trouvent des pièces. Sincèrement, je n'ai jamais rencontré un « collectionneur » de menue monnaie. Si vous économisez des pièces avec la vague idée de connaître la somme accumulée, le moment est venu de les mettre en banque. Plus vous attendrez, plus votre butin sera lourd et plus la démarche sera une corvée.

J'ai également remarqué que, pour une raison obscure, nombre de mes clients commencent à mettre des pièces dans des sacs une fois la tirelire pleine. Des années après, ils découvrent, au fond d'un placard, un sac rempli de pièces qui sentent la rouille, sont décolorées, dont le cliquetis n'est plus clair mais sourd. À ce stade, ils feraient mieux d'ignorer l'existence de ce sac. Décrire ce phénomène est déjà difficile, mais voir de ses yeux les pièces, privées de leur dignité monétaire, vous fend littéralement le cœur. Je vous en supplie, sauvez ces pièces oubliées qui dépérissent dans votre logement en faisant vôtre le slogan « Dans mon porte-monnaie » !

Soit dit en passant, il existe une différence flagrante entre les femmes et les hommes dans la façon de traiter la petite monnaie. Les hommes ont tendance à mettre les pièces dans leurs poches ou à les laisser bien visibles sur un buffet ou une table, tandis que les femmes les mettront plutôt dans une boîte ou un sac qu'elles rangeront dans un tiroir. C'est un peu comme si se manifestaient l'instinct masculin de réaction face au danger et l'instinct féminin de protection du foyer. Cette pensée m'a fait m'interrompre un instant pour réfléchir au mystère de la vie et de l'ADN alors que je passais une journée de plus à partager la magie du rangement.

Komono (éléments divers 2)

Les objets à jeter, ces choses que vous avez gardées « juste au cas où »

Les choses que l'on identifie instantanément comme destinées à la poubelle, sans avoir à se demander « Est-ce que ceci me met en joie ? » sont incroyablement nombreuses. J'ai déjà souligné l'importance de renoncer à ces choses dont vous avez du mal à vous séparer. Lorsque vous remettez de l'ordre dans votre maison, il est tout aussi essentiel de repérer les objets que vous avez gardés « sans raison particulière ». Bizarrement, la majorité des personnes n'ont pas conscience des petites choses qui leur mangent de la place dans leur intérieur.

Les cadeaux

Une assiette reçue comme cadeau de mariage, encore dans sa boîte et trônant sur un présentoir. Un porte-clés souvenir venant d'un ami, qui repose dans un tiroir. Des bâtons d'encens à l'odeur étrange offerts par vos collègues pour votre anniversaire. Qu'ont en commun tous ces objets ? Ce sont des cadeaux. Quelqu'un d'important à vos yeux a consacré un peu de son temps précieux pour aller les acheter. Ils sont l'expression de son amour et de sa considération. Vous ne pouvez pas les jeter, n'est-ce pas ?

Mais penchons-nous plus sérieusement sur le problème. La plupart de ces cadeaux ne sont jamais ouverts ou n'ont été utilisés qu'une seule fois. Avouez-le, ils ne sont tout simplement pas de votre goût. Un cadeau a pour véritable objectif d'*être reçu*. Les cadeaux ne sont pas des « choses » mais le vecteur des sentiments d'une personne. Avec cette vision des choses, vous ne devez pas vous sentir coupable de jeter un cadeau. Soyez simplement reconnaissant du plaisir éprouvé lorsqu'on vous l'a offert. Bien entendu, l'idéal serait que vous preniez plaisir à vous en servir. Mais il est certain que la personne qui vous l'a offert ne souhaite pas que vous l'utilisiez par obligation ou que vous le rangiez sans vous en servir pour ensuite vous sentir coupable chaque fois que vous portez le regard dessus. Lorsque vous jetez le cadeau, vous le faites également par égard pour celui ou celle qui vous l'a offert.

Les boîtes de téléphones mobiles

Les cartons sont incroyablement encombrants. Jetez la boîte dès que vous avez déballé votre téléphone. Vous n'avez pas non plus besoin du manuel et du CD fournis avec. Vous découvrirez les applications qu'il renferme en l'utilisant. Tous mes clients ont jeté ces choses et pourtant, aucun n'a été pénalisé par leur absence. En cas de problème, vous pouvez vous faire aider par le vendeur de la boutique où vous l'avez acheté. Il est bien plus rapide de solliciter un professionnel que de vous donner un mal de chien pour trouver la solution tout seul en consultant le manuel.

Les câbles électriques non identifiés

Si vous voyez un câble qui traîne et vous demandez à quoi diable il peut bien servir, il y a de fortes chances pour que vous ne vous en serviez jamais. Les câbles mystérieux demeurent à jamais… un mystère. Vous craigniez d'en avoir besoin? Ne vous en faites pas. J'ai vu plein de maisons équipées de câbles similaires qui formaient un tel enchevêtrement qu'il était difficile de trouver le bon. Au final, il est bien plus rapide d'en acheter un neuf. Ne gardez que les câbles dont vous savez précisément à quoi ils servent et débarrassez-vous des autres. Votre collection doit probablement contenir quelques spécimens appartenant à des machines ne fonctionnant plus et que vous avez jetées depuis longtemps.

Les boutons de rechange

Vous n'utiliserez jamais les boutons de rechange. La plupart du temps, lorsque vous perdez un bouton, c'est le signe que la chemise ou le chemisier en question a fait son temps, que vous l'avez bien aimé et qu'il est arrivé au bout du chemin. Pour les manteaux et les vestes que vous souhaitez garder longtemps, je vous conseille de coudre les boutons de rechange sur la doublure tout de suite après les avoir achetés. Concernant les autres vêtements, si vous perdez un bouton et souhaitez vraiment le remplacer, vous pouvez toujours vous en procurer un dans une mercerie. Mon expérience de terrain m'a montré que lorsque les gens perdent un bouton, ils ne s'embêtent pas à en coudre un autre, même s'ils en ont un de rechange. Ils continuent de porter le vêtement avec le bouton manquant ou le laissent à l'abandon dans leur penderie. Si vous n'utilisez pas les boutons de rechange, les jeter ne devrait pas affecter votre conscience.

Les cartons d'appareils électroménagers

Certaines personnes gardent les cartons de leurs appareils électroménagers car ils estiment pouvoir en tirer un meilleur prix s'ils revendent ces derniers. Mais c'est une pure perte de temps. Vous ne payez pas un loyer pour transformer votre logement en entrepôt pour cartons vides. Inutile de les garder dans l'éventualité d'un déménagement car vous pourrez trouver des cartons adaptés le moment venu. Il serait dommage de laisser un carton manger de l'espace simplement parce que vous pourriez en avoir besoin un jour.

Les télévisions et radios hors d'usage

Chez mes clients, je tombe souvent sur des télévisions et radios qui ne fonctionnent plus. Il est bien évidemment inutile de les conserver. Si vous disposez chez vous d'appareils électroménagers ayant rendu l'âme, c'est le moment de faire parler votre fibre écologique et de contacter un organisme qui les recyclera... et vous en débarrassera.

Les couchages pour les amis qui ne viennent jamais
Un clic-clac, un matelas, une couette, des oreillers, une couverture, des draps — les éléments de literie prennent énormément de place. Ce sont des objets qui se retrouvent souvent à la benne lors de mes cours et manquent rarement à mes clients par la suite. S'il est intéressant de disposer d'une literie et d'un couchage supplémentaire lorsque vous recevez régulièrement des amis et avez suffisamment de place, c'est en revanche inutile si vous avez du monde chez vous une ou deux nuits par an. En cas de nécessité, vous pouvez toujours louer ou emprunter le nécessaire et je vous recommande vivement cette solution. Une literie qui dort indéfiniment dans un placard sent souvent tellement le moisi que vous ne souhaiterez pas la donner à vos amis. Reniflez-la et voyez vous-même.

Les échantillons de produits cosmétiques gardés pour les voyages
Avez-vous une collection d'échantillons de produits cosmétiques en sommeil chez vous depuis plus d'un an ? Nombre de personnes les gardent pour leurs futurs voyages mais ne semblent pas les emporter le moment venu. J'ai contacté différentes marques pour connaître la durée de vie de ces produits. Leurs réponses varient de quelques semaines à un

an. Dans un petit contenant, comme c'est le cas des échantillons, la qualité du produit s'altère plus vite. Utiliser des produits cosmétiques périmés, surtout lorsque vous êtes censé profiter de votre voyage, semble plutôt imprudent.

Les produits de santé dernier cri

Ceintures qui font mincir, bouteilles en verre pour fabriquer des huiles d'aromathérapie, centrifugeuse électrique, machine pour perdre du poids qui imite le mouvement de la monte à cheval… jeter les objets onéreux de ce genre que vous avez achetés par correspondance sans jamais les utiliser semble être du gaspillage. Mais, je vous l'assure, vous pouvez vous en débarrasser. C'est l'excitation ressentie lors de l'achat qui compte. Exprimez votre reconnaissance pour leur apport en leur disant : « Merci pour l'élan que tu m'as donné lorsque je t'ai acheté » ou : « Merci de m'avoir aidé à retrouver un peu la forme », puis jetez-les avec la conviction que leur achat a amélioré votre santé.

Les gadgets publicitaires gratuits

Un produit de nettoyage pour écran de téléphone mobile, un stylo au nom de votre université, un ventilateur que vous avez eu lors d'un salon, une mascotte donnée avec une boisson, des tasses en plastique gagnées lors d'une tombola, des lunettes griffées d'une marque de bière, des Post-it d'un laboratoire pharmaceutique, du papier buvard, un calendrier promotionnel, un calendrier de poche (que vous n'avez toujours

pas utilisé, alors que l'on est déjà à la moitié de l'année).
Aucune de ces choses ne vous mettra en joie. Jetez-les donc
sans aucun scrupule.

Les objets ayant une valeur sentimentale

La maison de vos parents n'est pas un refuge pour vos souvenirs

Maintenant que vous avez rangé vos vêtements, livres, papiers
et *komono*, vous pouvez désormais vous attaquer à la dernière
catégorie : les objets ayant une valeur sentimentale. J'ai gardé
ces choses pour la fin car il est très difficile de s'en séparer.
Le simple fait d'envisager de les jeter nous fait craindre d'oublier les précieux souvenirs qui leur sont associés. Mais ne
vous inquiétez pas. Les souvenirs réellement précieux ne
s'évanouiront pas même si vous jetez les objets en question.
Lorsque vous pensez à votre avenir, vaut-il la peine de garder
des souvenirs d'événements que vous auriez oubliés sans la
présence de ces objets ? Nous vivons dans le présent. Aussi
merveilleux qu'il puisse avoir été, nous ne pouvons vivre dans
le passé. Le plaisir et l'enthousiasme ressentis dans l'instant
présent sont plus importants. Par conséquent, encore une
fois, pour décider quoi conserver, prenez chaque objet entre
vos mains et demandez-vous : « Est-ce qu'il me met en joie ? »

Voici l'exemple d'une de mes clientes, que j'appellerai « A »,
30 ans, mère de deux enfants et cinq personnes vivant sous son

toit. Lorsque je suis allée chez elle pour notre deuxième séance, le nombre d'objets qui s'y trouvaient avait visiblement diminué. «Vous avez bien travaillé», lui ai-je dit. «On dirait que vous vous êtes débarrassée de plein de choses, dans les 30 sacs-poubelle.»

Elle a répondu, l'air enchanté : «Oui, c'est vrai! J'ai mis tous mes souvenirs chez ma mère.» Je n'en croyais pas mes oreilles. Lorsque j'ai démarré mon activité, je pensais que seules les personnes de la campagne dont la maison familiale était immense avaient le privilège de mettre des choses chez leurs parents. Nombre de mes clients étaient des femmes célibataires ou des jeunes mères vivant à Tokyo. Lorsqu'elles me demandaient l'autorisation de mettre des objets chez leurs parents, je répondais : «Bien sûr, à condition de le faire sur-le-champ.» Je n'avais rien contre, jusqu'à ce que j'aie des clients à la campagne. Lorsque j'ai découvert l'état des maisons de ces parents, j'ai été contrainte de reconsidérer mon imprudence.

Je me rends compte aujourd'hui que les gens disposant d'un endroit très pratique où mettre des choses, comme la maison des parents, n'ont en fait pas de chance. Même si la maison est grande avec de nombreuses pièces, elle ne déborde pas dans la quatrième dimension. On ne récupère jamais les cartons que l'on met chez ses parents. Une fois là-bas, ils ne seront plus jamais ouverts.

Mais revenons à mon histoire. Quelque temps plus tard, la mère de A a commencé à suivre mon cours. Je savais que si elle voulait obtenir son diplôme, nous allions devoir nous occuper de ce que A avait entreposé chez elle. Lorsque j'ai visité la maison familiale, j'ai découvert que la chambre de A était restée dans l'état qui était le sien quand elle vivait sous ce toit. La bibliothèque et le placard étaient remplis de ses affaires et deux gros cartons se trouvaient à même le sol. Sa mère rêvait de disposer d'un espace où elle pourrait se détendre, mais, bien que A ait quitté le domicile familial depuis longtemps, ses affaires demeuraient dans SA chambre et sa mère n'avait plus que la cuisine comme refuge personnel. Cela semblait très anormal. J'ai appelé A et lui ai annoncé: «Vous et votre mère n'obtiendrez pas votre diplôme tant que vous n'aurez pas réglé toutes les deux le problème des affaires que vous avez laissées dans la maison de vos parents.»

Le jour de notre dernière séance, A semblait particulièrement heureuse. «Je peux maintenant profiter sans souci de la vie!» Elle était allée chez ses parents pour mettre de l'ordre dans ses affaires. Dans les cartons, elle avait trouvé un journal intime, des photos d'anciens petits amis, une montagne de lettres et de cartes… «Je ne faisais qu'occulter le problème en mettant chez mes parents les affaires dont je ne pouvais me séparer. Lorsque j'ai pris tour à tour chacun de ces objets, j'ai pris conscience que j'avais vécu pleinement ces moments et que je pouvais remercier mes souvenirs pour le plaisir qu'ils m'avaient procuré à l'époque. Lorsque j'ai jeté ces objets, j'ai eu l'impression d'affronter mon passé pour la première fois.»

C'est exact. En prenant dans vos mains chaque objet ayant une valeur sentimentale et en décidant lesquels jeter, vous faites l'examen de votre passé. Si vous vous contentez de mettre ces choses de côté dans un tiroir ou un carton, votre passé risque de devenir très vite un frein vous empêchant de vivre l'instant présent. Ranger ses affaires, c'est également mettre de l'ordre dans son passé. C'est comme reprendre sa vie à zéro et régler ses comptes afin de pouvoir aller de l'avant.

Les photos

Aimez celui ou celle que vous êtes aujourd'hui
Le dernier élément de la catégorie des objets ayant une valeur sentimentale est les photographies. Ce n'est pas pour rien que j'ai gardé les photos pour la fin. Si vous avez trié et jeté les choses dans l'ordre indiqué, vous avez probablement trouvé des photos dans de nombreux endroits, coincées entre deux livres sur une étagère, dans un tiroir ou cachées dans une boîte où se trouvent mille petites choses. Si bon nombre de vos photos ont peut-être déjà trouvé leur place dans un album, je suis sûre que vous en avez laissé quelques-unes dans une lettre ou encore dans la pochette du labo. (J'ignore pourquoi tant de personnes laissent les photos dans les enveloppes d'origine.) Dans la mesure où nous pouvons trouver des photos dans les endroits les plus inattendus lorsque nous nous attaquons à d'autres catégories d'objets, il est bien plus efficace de les réunir en un seul endroit chaque fois que nous tombons sur un spécimen, puis de nous en occuper à la fin du processus de rangement.

Je traite les photos en dernier pour une autre raison. Si vous commencez par trier les photos avant d'avoir affiné votre perception de ce qui vous apporte de la joie, tout le processus risque de vous échapper et de s'arrêter brusquement. En revanche, si vous suivez scrupuleusement l'ordre de rangement que je préconise (à savoir, les vêtements, les livres, les papiers, le *komono* et les objets ayant une valeur sentimentale), le tri s'effectuera facilement et vous serez surpris de votre capacité à choisir quoi garder sur la base du plaisir ressenti.

Il n'existe qu'un moyen de trier des photos et gardez à l'esprit que l'opération prend un peu de temps. La meilleure méthode consiste à sortir toutes les photos de leur album et à les regarder une par une. Ceux qui s'élèvent contre cette méthode en affirmant que cela représente bien trop de travail n'ont jamais vraiment trié de photos. Les photos n'existent que pour illustrer un événement ou un moment donné. Voilà pourquoi il faut les regarder une par une. Ce faisant, vous serez surpris de la facilité avec laquelle vous pouvez distinguer celles qui vous émeuvent de celles qui ne vous font rien. Là encore, gardez les photos qui font monter des émotions en vous.

Grâce à ce système, vous ne garderez environ que 5 photos par jour de voyage, mais elles illustreront si bien ce moment que vos souvenirs resteront intacts. Les choses vraiment importantes ne sont pas si nombreuses. Les photos banales de paysages que vous n'êtes pas capable de situer se retrouveront dans la poubelle. L'importance d'une photo réside dans l'enthousiasme et la joie qu'elle procure quand vous la prenez. Très souvent, le résultat papier n'est qu'accessoire.

Il arrive que les gens gardent tout un tas de photos dans un grand carton avec l'intention de les apprécier un de ces jours, quand ils seront vieux. Je peux vous affirmer que ce « un de ces jours » n'arrive jamais. Vous n'imaginez pas le nombre de boîtes remplies de photos non triées appartenant à une personne décédée sur lesquelles je suis tombée ! Voici le genre de conversation que j'ai généralement avec mes clients :

« Qu'y a-t-il dans cette boîte ?

– Des photos.

– Vous pouvez les garder à trier pour la fin.

– Oh, mais elles ne sont pas à moi, mais à mon grand-père. »

Chaque fois que j'ai cette conversation, ça me rend triste. Je ne peux m'empêcher de penser que la vie des personnes décédées aurait été bien plus riche si l'espace occupé par cette boîte avait été libéré lorsqu'elles étaient encore vivantes. En outre, une fois âgés, nous ne devrions pas être encore en train de trier des photos. Si, vous aussi, vous gardez cette tâche pour vos vieux jours, n'attendez pas. Faites-le maintenant. Vous apprécierez bien plus ces photos lorsque vous serez vieux si elles figurent déjà dans un album que si vous devez vous attaquer à un gros carton particulièrement lourd.

Autres objets tout aussi difficiles à jeter que les photos : les souvenirs de ses enfants. Un cadeau reçu pour la fête des

Pères avec les mots « Merci papa ». Un dessin de votre fils que la maîtresse avait accroché au mur à l'école ou une décoration fabriquée par votre fille. Si ces choses vous touchent toujours, vous pouvez fort bien les garder. Mais si vos enfants sont déjà grands et que vous gardez seulement ces objets par crainte qu'ils se vexent si vous vous en débarrassez, posez-leur franchement la question. Ils vous diront très probablement : « Quoi ? Tu as encore ce truc-là ? Vas-y, tu peux t'en débarrasser. »

Et ce qui appartient à votre propre enfance ? Avez-vous encore des bulletins de notes ou des diplômes ? Lorsque ma cliente a sorti un uniforme scolaire vieux de 40 ans, même moi, cela m'a fait quelque chose. Mais sa place était dans la poubelle. Jetez toutes ces lettres que vous avait envoyées un(e) petit(e) ami(e). L'objectif d'une lettre est atteint au moment où le destinataire la reçoit. La personne qui l'a écrite en a oublié le contenu depuis belle lurette et ne se souvient peut-être même plus de son existence. En ce qui concerne les accessoires reçus en cadeaux, ne les conservez que s'ils vous touchent profondément. Si vous les gardez uniquement parce que vous ne parvenez pas à oublier un(e) ancien(ne) petit(e) ami(e), mieux vaut les jeter. Si vous vous accrochez à ces objets, vous risquez de manquer des occasions de faire de nouvelles rencontres.

Ce ne sont pas nos souvenirs que nous devons chérir, mais la personne que nous sommes devenus grâce à ces expériences passées. C'est la leçon que nous donnent ces souvenirs lorsque nous les trions. Notre intérieur est destiné à l'individu que nous sommes en train de devenir et non à la personne que nous étions par le passé.

Des stocks ahurissants

Deux choses me surprennent souvent lorsque j'aide des clients à ranger leur maison : le caractère très inhabituel de certains éléments et le nombre d'objets. Je tombe chaque fois sur des objets très singuliers. Il peut s'agir d'un micro de chanteur ou d'ustensiles de cuisine dernier cri chez quelqu'un qui adore cuisiner. À chaque jour ses rencontres passionnantes avec l'inconnu. Mais c'est tout à fait naturel, puisque les centres d'intérêt et professions de mes clients sont extrêmement variés.

Le véritable choc, c'est quand je découvre un stock imposant d'un objet que l'on trouve dans tous les foyers. Au fil du temps, je consigne par écrit le volume approximatif des différents objets détenus par mes clients et je garde surtout un œil sur le volume des stocks, car de nouveaux records sont constamment battus. Un jour, par exemple, j'ai mis au jour une énorme collection de brosses à dents. Le record en la matière s'élève à 35 unités. Ça me paraissait quand même beaucoup : «Vous en avez peut-être un peu plus que nécessaire», ai-je fait remarquer, ce qui nous a fait bien rire toutes les deux. Mais ce record a été pulvérisé avec un client qui en avait 60 ! Disposées dans des boîtes à l'intérieur du placard situé sous le lavabo, on aurait dit une œuvre d'art. Il est intéressant de voir comme l'esprit de l'homme essaie de rendre l'absurde logique. Je me suis surprise à me demander s'il en avait une pour chaque jour, voire une pour chaque dent !

Une autre fois, j'ai mis la main sur un stock de 30 rouleaux de film alimentaire. J'ai ouvert le placard au-dessus de l'évier de la cuisine et je suis tombée sur une forme qui ressemblait à de gros Lego jaunes. « J'utilise du film alimentaire tous les jours, alors ça part vite », a expliqué ma cliente. Mais, même en admettant qu'elle en utilise un rouleau par semaine, elle avait six mois de stock d'avance. Chaque rouleau comprenait 20 mètres de film. Pour utiliser un rouleau par semaine, il faut recouvrir 66 assiettes de 20 centimètres de diamètre. Et encore, il vous en reste à la fin. Le seul fait de penser à tirer puis déchirer du film alimentaire autant de fois me fait souffrir du syndrome du canal carpien.

Pour ce qui est du papier toilette, le stock record est de 80 rouleaux. « J'ai des problèmes intestinaux, voyez-vous… Un rouleau ne me fait pas beaucoup de temps », m'a donné comme excuse la cliente. Mais, même en vidant un rouleau par jour, elle disposait là d'une réserve pour trois mois. Je ne suis pas certaine que, même en passant la journée à s'essuyer le derrière, elle aurait utilisé tout un rouleau. Et je ne vous dis pas l'état de son séant. Je me suis alors demandé si je ne devrais pas lui donner de la crème adoucissante plutôt que des cours de rangement.

Mais le summum, ce fut quand même un stock de 20 000 cotons-tiges, 100 boîtes de 200. En estimant que ma cliente en utilise un par jour, il lui faudrait 55 ans pour épuiser sa réserve. À la fin, elle aurait peut-être acquis des techniques stupéfiantes de nettoyage des oreilles. Le dernier coton-tige utilisé aurait quelque chose de sacré.

Vous avez peut-être du mal à croire ces histoires, mais je suis des plus sérieuses. Ce qu'il y a d'étrange, c'est qu'aucun de ces clients n'avait conscience du volume de sa réserve avant d'entreprendre la remise en ordre de sa maison. Et, malgré leur énorme stock, ils avaient le sentiment de n'en avoir jamais assez et craignaient la pénurie. Pour les personnes qui constituent des stocks, je pense qu'aucune quantité minimale ne peut les rassurer. Plus ils en ont, plus ils ont peur de manquer et plus l'anxiété augmente. S'ils ont encore deux exemplaires de l'objet, ils iront en acheter cinq supplémentaires.

Si vous manquez de quelque chose à la maison, contrairement au gérant d'une boutique, ce n'est pas grave. Cela vous stressera peut-être momentanément, mais aucun dommage irréparable n'est à craindre. Mais comment gérer ces stocks ? Bien que la meilleure solution semble être d'utiliser tout le stock, bien souvent, la date de péremption est dépassée et vous devez jeter les produits. Je vous conseille vivement de vous débarrasser en une seule fois de tout l'excédent. Cédez-le à des amis qui en ont besoin, effectuez un don ou faites-le recycler. Vous pensez peut-être que réduire votre stock revient à jeter l'argent par les fenêtres, mais vous soulager du superflu est le moyen le plus rapide et le plus efficace de remettre de l'ordre.

Une fois ressentie la liberté de ne plus avoir de réserves inutiles, vous ne voudrez plus revenir en arrière et arrêterez tout naturellement de faire des stocks. Mes clients me disent que la vie est désormais plus drôle à leurs yeux car, lorsqu'ils manquent de quelque chose, ils aiment voir combien de temps ils peuvent s'en passer ou apprécient de le remplacer par un autre produit. Il est important d'évaluer ce dont vous disposez et de vous débarrasser de l'excédent.

Réduisez la voilure jusqu'au déclic

Triez par catégories, dans l'ordre préconisé, et ne conservez que les objets qui vous mettent en joie. Procédez avec minutie et rapidité, en une seule fois. Si vous suivez ce conseil, vous allez réduire de manière spectaculaire le volume de vos biens, ressentir une euphorie sans précédent et acquérir de la confiance en soi.

Quelle est la quantité de biens idéale? Je pense que la plupart des gens l'ignorent. Si vous vivez au Japon depuis toujours, vous êtes presque certainement entouré de plus de choses que nécessaire. Pour bon nombre de personnes, il est difficile d'imaginer la quantité de biens idéale pour vivre confortablement. Lorsque vous diminuerez le nombre de vos biens grâce à la procédure de rangement, vous aurez soudain une idée de la quantité qui vous convient. Un déclic se produira dans votre tête et vous vous direz: «Tiens! C'est précisément la quantité qu'il me faut pour vivre confortablement. C'est tout ce dont j'ai besoin pour être heureux. Pas besoin de plus. » La satisfaction qui vous gagne alors est palpable. C'est un véritable déclic. Il est intéressant de noter qu'une fois ce stade atteint, votre volume de biens reste constant. Et voilà précisément la raison pour laquelle vous ne subirez aucun effet rebond.

Ce déclic varie d'une personne à l'autre. Pour un individu dingue de chaussures, il peut s'agir de 100 paires, tandis qu'un amoureux des livres ne peut avoir besoin que de livres. Certaines personnes, comme moi, possèdent plus de vêtements d'intérieur que de vêtements pour sortir, tandis que d'autres préfèrent vivre nues chez elles et n'ont donc aucun vêtement d'intérieur. (Vous seriez surpris du nombre de personnes appartenant à la dernière catégorie.)

Lorsque vous mettrez de l'ordre dans votre maison et que le volume de vos biens diminuera, vous percevrez la nature de vos vraies valeurs, vous saurez ce qui est vraiment important pour vous dans votre vie. Mais ne vous focalisez pas là-dessus. Attachez-vous plutôt à choisir les choses source de joie et à apprécier la vie selon vos propres critères. C'est là que réside le vrai plaisir du rangement. Si le déclic ne s'est pas encore produit, ne vous inquiétez pas. Vous pouvez encore réduire la voilure. Attelez-vous à cette tâche avec confiance.

Suivez votre intuition et tout se passera bien

« Choisissez les choses qui vous mettent en joie quand vous les touchez. »

«Suspendez les vêtements qui seront plus heureux sur des cintres.»

«Ne craignez pas de trop jeter. À un moment, vous saurez quel est le volume idéal.»

Si vous avez lu cet ouvrage depuis le début, vous avez probablement remarqué que, dans ma méthode, vos sentiments sont le critère de prise de décision. Nombre de personnes seront peut-être surprises de voir des critères aussi vagues que «les choses qui vous mettent en joie» ou «le déclic». La plupart des méthodes vous fournissent des objectifs numériques clairs, tels que : «Jetez tout ce que vous n'avez pas utilisé depuis deux ans», «7 vestes et 10 chemisiers sont le chiffre idéal» ou : «Jetez une chose chaque fois que vous en achetez une nouvelle.» Mais je suis persuadée que c'est l'une des raisons pour lesquelles ces méthodes génèrent un effet rebond.

Même si ces procédés vous permettent d'obtenir temporairement un intérieur rangé, les critères automatiques proposés par les autres et fondés sur leur «savoir-faire» n'ont aucun effet durable, sauf si leurs critères correspondent aux normes qui vous permettent de vous sentir bien. Seul vous pouvez savoir quel type d'environnement contribue à votre bonheur. La procédure de sélection d'objets est extrêmement personnelle. Pour éviter l'effet rebond, vous devez créer votre propre méthode de rangement en utilisant vos normes personnelles. C'est précisément la raison pour laquelle il est si important de connaître votre sentiment vis-à-vis de chacune de vos affaires.

Ce n'est pas parce que vous possédez un excédent d'affaires dont il vous est difficile de vous séparer que vous en prenez forcément soin. C'est même le contraire. En revenant à un volume de biens que vous pouvez raisonnablement gérer, vous redynamisez la relation avec vos affaires. Lorsque vous jetez quelque chose, cela ne signifie pas que vous tirez un trait sur les expériences passées ou votre identité. Le processus de sélection des objets vous apportant de la joie vous permet d'identifier précisément ce que vous aimez et ce dont vous avez besoin.

Lorsque nous faisons face en toute franchise aux affaires que nous possédons, ces dernières déclenchent de nombreuses émotions en nous. Ces sentiments sont authentiques. Ce sont ces émotions qui nous donnent l'énergie nécessaire pour vivre. Croyez ce que votre cœur vous répond quand vous lui demandez : «Est-ce que cette chose me met en joie?» En vous fondant sur cette intuition, vous serez surpris de la manière dont votre vie s'harmonisera et des changements spectaculaires qui s'ensuivront. Ce sera comme si votre vie était touchée par la grâce. Le rangement de votre maison est la magie à l'origine d'une vie heureuse et animée.

CHAPITRE 4

RANGER POUR VIVRE
AVEC PASSION

Choisir un endroit pour chaque chose

Voici le rituel que je suis chaque jour lorsque je rentre du travail. Je commence par ouvrir la porte, puis j'annonce à ma maison : « Je suis rentrée ! » En prenant la paire de chaussures que je portais la veille et qui est restée dans l'entrée, je dis : « Merci beaucoup pour ce que vous avez fait » et je les range dans le placard à chaussures. Puis j'ôte les chaussures que j'ai mises le jour même et je les place soigneusement dans l'entrée. Je me rends dans la cuisine, je fais chauffer de l'eau dans la bouilloire, puis je vais dans ma chambre. Je pose alors délicatement mon sac à main sur le tapis en peau de mouton et j'enlève mes vêtements. Je mets ma veste et ma robe sur un cintre et je dis : « Joli travail ! » Je suspends temporairement le cintre au bouton de la penderie. Je mets mes collants dans le bac à linge qui se trouve dans le coin inférieur droit de mon placard, j'ouvre un tiroir, je choisis les vêtements que j'ai envie de porter à l'intérieur, puis je m'habille. Je salue la grande plante située à côté de la fenêtre en caressant ses feuilles.

Ensuite, je vide le contenu de mon sac à main sur le tapis et je range chaque chose à sa place. Je commence par ôter tous les tickets de caisse, puis je mets mon porte-monnaie dans sa boîte, que je range alors dans un tiroir sous mon lit avec un mot de gratitude. Je place ensuite ma carte de train et mon porte-cartes de visite professionnelles à côté. Je mets ma montre dans une vieille boîte, que je range dans le même tiroir et je place mon collier et mes boucles d'oreilles sur un petit plateau à accessoires à côté. Avant de refermer le tiroir, je dis : « Merci de tout ce que vous avez fait pour moi aujourd'hui. »

Ensuite, je retourne dans l'entrée et je range les livres et carnets que j'avais avec moi dans la journée (une étagère de mon placard à chaussures leur est réservée). Je sors de l'étagère située juste au-dessous mon « petit sac à tickets de caisse » et je mets mes tickets dedans. Ensuite, je range dans l'espace juste à côté réservé aux objets électriques l'appareil photo numérique que j'utilise dans mon activité. Les papiers qui ne me servent plus filent dans le carton des matières recyclables sous la cuisinière. Dans la cuisine, je me prépare une théière entière pendant que je passe en revue mon courrier et que je jette les lettres lues.

Je retourne dans ma chambre et je range mon sac à main dans un sac que je place ensuite sur la dernière étagère de la penderie, en disant : « Tu as bien travaillé. Repose-toi bien. » Entre le moment où j'ai franchi le seuil de la maison et le moment où je referme la penderie, il ne s'est écoulé que 5 minutes. Je peux maintenant retourner dans la cuisine, me servir une tasse de thé et me détendre.

Je ne vous ai pas fait ce récit pour vous en mettre plein la vue avec mon superbe mode de vie, mais pour vous montrer en quoi consiste le fait d'avoir un endroit bien précis où mettre chaque chose. Conserver un intérieur rangé devient une seconde nature. Vous pouvez le faire très facilement, même si vous rentrez fatigué du travail. Et vous aurez ainsi plus de temps pour vraiment apprécier la vie.

L'essentiel pour savoir où ranger vos affaires est de désigner un endroit pour *tous* les objets. Vous vous dites peut-être « Ça va me prendre énormément de temps ! » Mais ne vous inquiétez pas. Si l'entreprise semble compliquée, elle est bien plus simple que de décider quels objets garder et jeter. Puisque vous avez déjà choisi les objets à garder en fonction de leur type et que ces derniers appartiennent tous à la même catégorie, il vous suffit de les ranger les uns à côté des autres.

La raison pour laquelle chaque chose doit disposer de son endroit est qu'un objet sans lieu de prédilection multiplie les risques que le fouillis s'empare à nouveau de votre logement.

Admettons que vous ayez une étagère vide. Que se passe-t-il si quelqu'un met dessus un objet qui n'a pas une place bien précise ailleurs? Cet objet va précipiter votre chute. Très vite, cet espace, resté en ordre jusque-là, sera recouvert d'objets, comme si quelqu'un avait crié: «Rassemblement, tout le monde!»

La désignation d'un espace pour chaque objet ne se fait qu'une seule fois. Essayez. Les résultats vous surprendront. Fini, l'achat d'objets plus qu'il ne vous en faut! Vous n'accumulerez plus d'affaires. En fait, votre stock va même diminuer. Voici le principe de base du rangement efficace: désigner un endroit où entreposer la dernière chose achetée. Si vous ignorez ce principe élémentaire et commencez à expérimenter les concepts dernier cri en matière de rangement, vous allez le regretter. Ces «solutions» de stockage ne sont bonnes qu'à enterrer des biens qui ne vous mettent pas en joie.

L'une des principales raisons pour lesquelles se produit l'effet rebond, c'est l'incapacité à désigner un endroit précis où ranger chaque objet. Sans lieu prédéfini, où allez-vous mettre les choses après les avoir utilisées? Mais si vous disposez d'un endroit, vous pouvez conserver une maison en ordre. Décidez donc de l'emplacement de vos affaires et, quand vous vous en êtes servi, rangez-les à leur place. C'est la condition *sine qua non* du rangement efficace.

Jetez d'abord, vous rangerez ensuite

Les personnes qui suivent mes cours sont toutes très surprises quand je leur montre des photos «avant-après» de l'intérieur de mes clients. La réaction la plus courante est la suivante : «La pièce semble complètement nue !» C'est vrai. Très souvent, mes clients choisissent de ne rien laisser à même le sol et de ne pas obstruer le champ de vision. Même les étagères de livres ont parfois disparu. Mais cela ne signifie pas qu'ils ont jeté tous leurs livres. Ces étagères peuvent désormais se trouver à l'intérieur d'un placard. Les mettre dans un grand placard est l'un des grands principes que je respecte. Si votre placard est déjà plein à craquer, vous vous dites peut-être que votre étagère ne tiendra jamais dedans. En fait, 99 % de mes lecteurs ont cette impression. Il peut néanmoins y avoir plein de place.

L'espace de stockage dont vous disposez dans votre pièce convient en fait parfaitement. Je ne compte plus les fois où mes clients se sont plaints de ne pas avoir suffisamment de place, alors que je n'ai encore jamais vu un seul logement manquant d'espaces de rangement. Le vrai problème, c'est que nous avons bien trop de choses par rapport à nos besoins et nos souhaits. Une fois que vous savez choisir correctement vos effets personnels, vous disposez uniquement de la quantité d'affaires adéquate à la surface de votre logement. C'est toute la magie du rangement. Cela peut sembler incroyable, mais ma méthode, qui consiste à ne garder que ce qui vous touche, offre cette précision. Voilà pourquoi vous devez commencer par jeter des choses. Il est ensuite facile de décider où entreposer vos affaires parce que leur volume ne représentera plus qu'un tiers, voire un quart, de ce que vous possédiez au départ. En revanche, vous aurez beau ranger et adopter une méthode très performante, si vous commencez par entreposer vos affaires avant de vous être séparé du superflu, l'effet rebond sera au rendez-vous. Je le sais parce que je suis passée par là.

Eh oui, moi. Bien que je vous mette en garde de ne pas devenir un expert du stockage, que je vous conseille vivement de ne rien entreposer tant que vous n'avez pas réduit le volume de vos affaires, il n'y a pas si longtemps, 90 % du temps, je n'avais qu'une idée en tête : où mettre mes affaires ? Je me suis mise à réfléchir sérieusement à ce problème quand j'avais 5 ans. Cette phase de ma carrière a donc duré encore plus longtemps que ma passion pour le processus consistant à faire le vide, découvert seulement à l'adolescence. Pendant cette période, j'ai passé le plus clair de mon temps avec un livre ou un magazine dans la main, en train d'expérimenter toutes les méthodes d'entreposage et de commettre toutes les erreurs imaginables.

Je passais mes journées, dans ma chambre, dans celles de mes frère et sœur, voire à l'école, à inspecter le contenu des tiroirs et placards et à déplacer les choses de quelques millimètres pour essayer de trouver la meilleure organisation. « Que se passera-t-il si je mets cette boîte là-bas ? » « Que se passera-t-il si j'opte pour ce séparateur ? » Partout où je me trouvais, je fermais les yeux et réorganisais mentalement le contenu d'un placard ou d'une chambre, comme s'il s'agissait des pièces d'un puzzle. Ayant trempé dans ce domaine pendant toute ma jeunesse, j'ai succombé à l'illusion selon laquelle le stockage des affaires était une sorte de concours intellectuel dont le but était de savoir combien de choses je pouvais faire tenir dans un espace de rangement en optant pour une organisation rationnelle. S'il existait un vide entre deux meubles, j'y plaçais un élément de rangement que je remplissais ensuite, jubilant triomphalement une fois l'opération terminée. Pendant ce temps, j'avais commencé à percevoir mes affaires, et même ma maison, comme un adversaire que je devais battre et j'étais en permanence en mode combat.

Rangement :
recherchez le summum de la simplicité

Quand j'ai démarré mon activité, j'estimais devoir prouver ma capacité à proposer des dispositifs de rangement miraculeux – des solutions judicieuses que vous pouvez voir dans un magazine, comme un lot d'étagères tenant parfaitement dans un espace minuscule que personne d'autre n'aurait eu l'idée d'aménager. J'avais le sentiment étrange que c'était le seul moyen de satisfaire mes clients. Mais ces idées pertinentes finissent par s'avérer presque toujours peu commodes et ne servent qu'à flatter l'ego du concepteur.

Un petit exemple. Un jour, j'étais en train d'aider une cliente à organiser sa maison quand je suis tombée sur un plateau pivotant, un peu comme les dessus de table que l'on trouve dans les restaurants chinois. À l'origine, c'était le plateau tournant d'un four micro-ondes, lequel avait disparu depuis longtemps. Dès que je l'ai vu, j'ai eu la brillante idée de le transformer en élément de rangement. J'avais du mal à déterminer où le mettre car il était assez large et d'une bonne épaisseur. Mais c'est alors que ma cliente a indiqué qu'elle avait tellement de bouteilles d'assaisonnement qu'elle ne savait pas où les ranger. J'ai ouvert le placard qu'elle avait désigné et, en effet, il en était rempli. Je les ai toutes sorties, puis j'ai essayé de faire rentrer le support pivotant dans le placard. Il tenait parfaitement dedans. Je l'ai ensuite chargé des bouteilles en question et voilà ! Je disposais maintenant d'un espace de rangement qui paraissait aussi soigné et chic qu'un présentoir de magasin. Ma cliente pouvait désormais accéder aux bouteilles situées au fond du placard en faisant simplement pivoter le plateau. Super pratique ! Ma cliente était enthousiaste et tout semblait parfait.

Mais j'ai très vite pris conscience de mon erreur. Lors de la séance suivante, je suis retournée dans sa cuisine. La majeure partie de la pièce était impeccable, mais quand j'ai ouvert le placard contenant les bouteilles d'assaisonnement, j'ai constaté que l'intérieur était dans un désordre total. Quand je lui ai demandé pourquoi, elle m'a expliqué que, chaque fois qu'elle faisait pivoter le plateau, les bouteilles glissaient et tombaient par terre. En outre, elle avait bien trop de bouteilles et avait mis le surplus sur le bord de la plaque, ce qui rendait celle-ci d'autant plus difficile à faire tourner.

Comme vous pouvez le constater, j'étais tellement obnubilée par l'utilisation de cette tablette pivotante afin de créer un espace de rangement surprenant que j'en avais oublié les objets qu'elle était censée accueillir – des bouteilles qui glissent et perdent facilement l'équilibre. En y réfléchissant à deux fois, je me suis également rendu compte que personne n'a besoin d'accéder fréquemment aux réserves entreposées au fond d'un placard. Un support pivotant ne s'imposait donc pas. De plus, les formes rondes prennent bien trop de place et laissent trop d'espace inutilisé, ce qui les rend inappropriées au rangement. J'ai fini par sortir la tablette pivotante et ranger les bouteilles dans une boîte carrée que j'ai ensuite replacée dans le placard. Bien que simple et conventionnelle, cette méthode était bien plus facile d'usage aux dires de ma cliente. Cette expérience m'a permis de conclure que les méthodes de rangement doivent être très simples. Inutile de réfléchir à des stratégies complexes. En cas de doute, demandez à votre maison et à l'objet entreposé quelle est la meilleure solution.

La plupart des gens se rendent compte que le fouillis est dû à la conservation d'un trop grand nombre de choses. Mais pourquoi avons-nous trop d'affaires? Généralement parce que nous n'avons pas une vision assez précise de tout ce que nous possédons, et ce, en raison de l'utilisation de méthodes de rangement trop complexes. La faculté d'éviter des réserves superflues dépend de la capacité à simplifier le rangement.

Pour conserver une pièce en ordre, le secret est de rechercher le summum de la simplicité, de façon à savoir d'un seul coup d'œil tout ce que vous possédez. Je parle de « summum de la simplicité » pour une bonne raison. Il est impossible de se souvenir de l'existence de chaque objet que nous possédons, même en simplifiant nos méthodes de rangement. Chez moi, où je n'ai pas ménagé mes efforts pour tout ranger avec simplicité, il m'arrive encore de repérer dans un placard ou un tiroir un objet que j'avais complètement oublié. Si mon système de rangement était plus complexe, par exemple si j'avais réparti mes affaires en trois catégories selon la fréquence d'usage ou selon la saison, je suis certaine que beaucoup d'objets seraient en train de pourrir dans un coin sombre. Voilà pourquoi il est bien plus logique d'opter pour un système de rangement le plus simple possible.

N'éparpillez pas les espaces de rangement

Pour les raisons décrites ci-dessus, ma méthode de rangement est extrêmement simple, avec deux règles seulement : mettre tous les objets d'un même type au même endroit et ne pas éparpiller les espaces de rangement.

Il n'existe que deux manières de classer les effets personnels : par type d'objet et par personne. C'est facile à comprendre si vous opposez une personne qui vit seule à une autre qui vit en famille. Si vous êtes seul ou si vous disposez de votre propre chambre, le rangement est très simple – il suffit de désigner un endroit où ranger chaque type d'objet. Vous réduisez au strict minimum le nombre de catégories en suivant celles préconisées pour trier vos effets personnels. Commencez par les vêtements, puis passez aux livres, aux papiers, au *komono* et enfin aux objets ayant une valeur sentimentale. Si vous triez vos affaires en respectant cet ordre, vous pouvez ranger les objets appartenant à chaque catégorie à l'endroit qui leur est attribué dès que vous avez décidé ce que vous gardez.

Vous pouvez même être encore moins structuré en termes de catégories. Au lieu de classer en détail les objets par type, vous pouvez procéder par similitude en prenant la matière comme critère : « de type vêtement », « de type papier » et « choses qui semblent électriques ». Il s'agit ensuite de trouver un endroit pour chacun de ces trois types d'objets. C'est beaucoup plus facile que d'essayer de visualiser l'endroit où vous pourriez vous servir de l'objet ou sa fréquence d'utilisation. Avec ma méthode, vous pourrez classer vos affaires par catégories avec plus de précision.

Si vous avez déjà sélectionné ce que vous allez garder sur la base de votre ressenti, vous verrez ce que je veux dire car vous avez déjà classé vos affaires par catégories, les avez étalées à un endroit et tenues dans vos mains avant de prendre votre décision. Ce travail a permis d'affiner votre capacité à sentir ce qui va ensemble et à choisir des endroits appropriés où les ranger.

Si vous vivez en famille, commencez par définir des espaces de rangement pour chaque personne. Cette étape est

essentielle. Vous pouvez par exemple désigner un coin spécifique pour vous-même, votre conjoint et vos enfants, où
ranger les affaires appartenant à chacun. C'est tout ce qu'il y
a à faire. L'essentiel est de définir, dans la mesure du possible,
un endroit par personne. Autrement dit, vous disposerez d'un
seul lieu où disposer vos effets personnels. Si les espaces de
rangement sont éparpillés, toute la maison se retrouvera très
vite en désordre. Regrouper les affaires de chacun en un seul
endroit est le moyen le plus efficace de conserver un intérieur
rangé.

Un jour, une cliente m'a demandé d'aider sa fille de 3 ans
à être ordonnée. Lorsque je me suis rendue chez elle, j'ai
découvert que les affaires de sa fille étaient entreposées à trois
endroits : les vêtements dans la chambre, les jouets dans la
salle de séjour et les livres dans le salon. Conformément aux
principes élémentaires de tri et de rangement, nous avons tout
regroupé dans la pièce traditionnelle japonaise au sol sur des
tatamis. À partir de là, sa fille a commencé à choisir elle-
même les vêtements qu'elle voulait porter et à ranger ses
affaires là où elles allaient. C'était certes moi qui avais donné
les instructions, mais j'étais quand même surprise. Même un
enfant de 3 ans est capable de ranger !

Le fait d'avoir votre espace personnel vous rend heureux.
Lorsque vous avez le sentiment qu'il n'appartient qu'à vous,
vous souhaitez qu'il reste rangé. S'il est difficile que tout le
monde ait sa propre chambre, vous pouvez attribuer à chacun
un espace de rangement. Chez les nombreuses personnes ne

sachant pas ranger que je rencontre, souvent, c'était leur mère qui rangeait leur chambre ou bien elles n'avaient jamais eu un espace bien à elles. Ces personnes rangent souvent leurs affaires dans le meuble de leurs enfants et leurs livres sur les étagères de leur conjoint. Mais il est dangereux de ne pas disposer d'un espace qui soit uniquement à vous. Tout le monde a besoin d'un sanctuaire.

Je constate que lorsque vous commencez à faire du rangement, la tentation est grande de démarrer par des espaces ou objets communs à toute la famille, comme la salle de séjour, les savons, gels douche, médicaments ou divers appareils électriques et fournitures pour la maison. Merci de les garder pour plus tard. Choisissez les objets que vous souhaitez garder et rangez-les dans votre espace personnel. Ce faisant, vous allez acquérir les principes de base permettant de remettre de l'ordre dans votre maison. Comme pour le choix des affaires personnelles à conserver, il est fondamental de respecter l'ordre préconisé.

Oubliez le « plan de circulation » et la « fréquence d'utilisation »

Les livres sérieux sur le rangement conseillent souvent à leurs lecteurs de prendre en compte le plan de circulation lorsqu'ils conçoivent des espaces de rangement. Je ne dis pas qu'il s'agit d'un mauvais conseil. De nombreuses personnes choisissent des méthodes de rangement en étudiant soigneusement les

trajets empruntés par la famille dans la maison. Par conséquent, mon propos ne concerne que la méthode KonMari. Et
là, je dis : oubliez le plan de circulation.

Lorsqu'une de mes clientes, une femme dans la cinquantaine, a eu terminé de trier et ranger ses affaires, nous nous
sommes attaquées à celles de son mari. Elle m'a dit qu'il était
indispensable que son mari ait tout à portée de main, qu'il
s'agisse de la télécommande ou d'un livre. Lorsque j'ai étudié
leur intérieur, j'ai découvert que les affaires de son mari
étaient en effet éparpillées aux quatre coins de la maison. Il
y avait une petite étagère à livres à côté des toilettes, un
endroit pour ses sacs dans l'entrée et des tiroirs pour ses
chaussettes et sous-vêtements à côté de la baignoire. Mais
cela n'a pas infléchi mes principes. J'insiste toujours pour
l'adoption d'un seul endroit de rangement et j'ai donc dit à
ma cliente de déplacer les sous-vêtements, chaussettes et sacs
dans le placard où étaient suspendus les costumes de son
mari. Elle semblait un peu anxieuse. « Mais il aime que les
choses soient rangées là où il les utilise, a-t-elle dit. Et s'il
n'est pas content ? »

L'erreur fréquemment commise est de ranger des objets
là où il est le plus facile de les sortir. Cette approche est
fatalement erronée. Le fouillis apparaît parce que vous ne
rangez pas les choses à leur place. Par conséquent, vous
devez faire en sorte de pouvoir très facilement ranger et non
sortir vos affaires. Lorsque nous utilisons un objet, nous le
sortons dans un but bien précis. À moins que ce soit une

tâche extrêmement pénible pour une raison donnée, l'effort à produire ne nous gêne généralement pas. Le désordre a deux seules causes : ranger demande trop d'efforts ou bien vos affaires n'ont pas une place attitrée. Si nous négligeons ce détail crucial, nous risquons de concevoir un système source de désordre. Pour les gens comme moi, paresseux de nature, je conseille vivement de disposer d'un seul endroit où ranger les choses. Le principe selon lequel il est plus commode de tout avoir à portée de main est erroné.

Nombre de personnes conçoivent leur système de rangement en fonction du plan de circulation dans leur maison, mais comment pensez-vous que ce plan a vu le jour ? Dans presque tous les cas, un plan de circulation dépend non pas de ce qu'une personne fait pendant la journée mais de l'endroit où elle range les choses. Nous croyons avoir rangé les choses en fonction de notre comportement alors qu'inconsciemment, nous avons adapté nos actes à l'endroit où sont entreposées nos affaires. Concevoir un système conformément au plan de circulation ne fera que disperser les espaces de rangement dans toute la maison. Et cela risque d'accroître le risque d'accumulation d'objets. Nous ne saurons plus exactement ce que nous possédons et cela nous compliquera la vie.

Étant donné la surface moyenne d'un logement japonais, un système de rangement conforme au plan de circulation ne change pas énormément les choses. S'il ne faut que 10 à 20 secondes pour aller d'un bout à l'autre de la maison, avez-vous vraiment besoin de vous soucier du plan de circulation ?

Si votre objectif est de disposer d'une pièce impeccable, il est bien plus important d'organiser votre système de rangement de façon à savoir d'un seul coup d'œil où se trouvent vos affaires plutôt que de vous soucier de qui fait quoi, où et quand.

Inutile de vous compliquer la vie. Choisissez simplement l'endroit où ranger vos affaires en fonction de la disposition des pièces et vos problèmes de rangement seront résolus. Voilà pourquoi la méthode de rangement que j'utilise est incroyablement simple. La preuve, pour être franche, je me souviens où tout est rangé dans presque toutes les maisons de mes clients. Je n'ai jamais pris en compte le plan de circulation et aucun n'a rencontré le moindre problème. Au contraire, une fois le plan de rangement simple créé, mes clients ne se demandent plus jamais où est la place de telle affaire. Ranger devient naturel, et, par conséquent, la pagaille ne règne plus dans la maison.

Placez tous les objets similaires au même endroit ou tout près. Si vous suivez ce conseil, vous constaterez que vous avez créé un plan d'occupation des espaces très simple. En outre, il est inutile de vous pencher sur la fréquence d'utilisation des objets lorsque vous concevez vos espaces de rangement. Certains ouvrages sur le rangement proposent des méthodes qui classent les objets en six niveaux selon leur fréquence d'utilisation : tous les jours, une fois tous les trois jours, une fois par semaine, une fois par mois, une fois par an et moins d'une fois par an. Suis-je la seule dont la tête tourne à la seule pensée de devoir créer six compartiments dans mes tiroirs ? J'utilise au pire deux catégories en matière de fréquence d'utilisation : les affaires dont je me sers souvent et celles dont je ne me sers pas souvent.

Prenez par exemple le contenu d'un tiroir. Vous allez naturellement commencer par mettre au fond les choses que vous utilisez moins souvent et devant celles dont vous vous servez plus. Inutile de penser à cela lors de la conception de vos espaces de rangement. Lorsque vous choisissez ce que vous souhaitez garder, interrogez votre cœur, et quand vous décidez où ranger quelque chose, interrogez votre maison. Faites cela et vous saurez instinctivement comment organiser et ranger vos affaires.

N'empilez jamais les choses, préférez le rangement vertical

Certaines personnes forment systématiquement des piles : de livres, de papiers et de vêtements. Quel espace gaspillé ! En matière de rangement, la verticalité est essentielle. Je tiens tout particulièrement à ce détail. C'est une véritable obsession chez moi. Dans la mesure du possible, je range à la verticale les vêtements, que je plie et mets sur chant dans mes tiroirs, les collants, que je roule et mets debout dans une boîte. C'est aussi valable pour le papier à lettres et le nécessaire d'écriture, qu'il s'agisse des boîtes d'agrafes, règles et gommes, que je pose debout. Je range même mon ordinateur portable sur l'étagère comme s'il s'agissait d'un carnet. Si votre espace de rangement, normalement suffisant, s'avère trop juste, essayez de ranger les choses à la verticale. Vous verrez que cela résout la plupart des problèmes.

Je dispose mes affaires à la verticale et j'évite d'empiler pour deux raisons. Premièrement, si vous empilez, vous avez l'impression d'avoir un espace de rangement inépuisable. Les piles grossissent sans que vous remarquiez l'accroissement du volume. En revanche, lorsque vous rangez verticalement, toute augmentation du volume prend de l'espace et vous finissez par manquer de place. Et c'est là que vous vous dites : «Tiens, je recommence à accumuler des choses.»

L'autre raison est la suivante : empiler met au supplice les choses situées au bas de la pile, qui se retrouvent écrasées. Les piles affaiblissent et épuisent les objets devant supporter tout le poids. Imaginez dans quel état vous seriez si vous deviez porter une charge lourde des heures durant. En outre, les éléments de la pile disparaissent presque car vous pouvez même oublier jusqu'à leur existence. Lorsque nous empilons nos vêtements, nous mettons de moins en moins ceux qui se trouvent en bas de la pile. Les tenues qui ne font plus d'effet à mes clients, même s'ils les aimaient au moment de leur achat, sont très souvent celles qui restent longtemps tout en bas de la pile.

Cela vaut également pour les papiers et documents. Dès que vous ajoutez un document sur le dessus de la pile, le premier devient deuxième et recule également dans notre

conscience. Très vite, nous remettons à plus tard son traitement ou nous l'oublions carrément. C'est pour ces raisons
que je conseille le rangement vertical de tout ce qui peut
tenir debout. Essayez. Prenez une pile que vous avez formée
et mettez son contenu sur chant. Ce simple geste vous fera
prendre conscience du volume de la pile. Le rangement
vertical peut être appliqué partout. Les réfrigérateurs en
désordre sont monnaie courante alors que leur contenu peut
être organisé rapidement et simplement en mettant les produits debout. J'adore les carottes, par exemple. Si vous ouvrez
mon réfrigérateur, vous les trouverez debout dans la porte.

Pas besoin d'éléments de rangement spéciaux

Les éléments de rangement pratiques sont légion : séparateurs
réglables, portants suspendus, étagères étroites pouvant s'inté-
grer dans les petits espaces. Vous trouverez des éléments de
rangement dépassant votre imagination dans n'importe quelle
boutique, du bazar du coin aux magasins de meubles chic, en
passant par les enseignes de décoration d'intérieur. Autrefois,
j'étais moi aussi une fanatique des éléments de rangement et
j'ai essayé presque tout ce qui était commercialisé sur le marché,
les articles les plus bizarres et exotiques. Et pourtant, il n'en
reste presque plus un seul chez moi.

Les éléments de rangement qui demeurent chez moi sont
plusieurs lots de tiroirs en plastique transparents que j'utilise
depuis le collège, ainsi qu'un panier en rotin pour mes

serviettes. C'est tout. Et tous sont logés à l'intérieur du placard intégré. Il y a des étagères intégrées dans la cuisine et la salle de bains, ainsi qu'un placard à chaussures dans l'entrée. Je n'ai pas besoin de bibliothèque car je range mes livres et papiers sur l'une des étagères du placard à chaussures. Les placards intégrés et étagères sont plus petits que la moyenne. Les seuls éléments de rangement dont vous avez besoin sont de bons vieux tiroirs et boîtes et non des choses spéciales ou sophistiquées.

On me demande souvent ce que je conseille, sans doute dans l'attente que je sorte une arme secrète. Mais je vous le dis sans ambages : vous n'avez pas besoin de séparateurs ni de gadgets en tous genres. Vous pouvez résoudre vos problèmes de rangement en vous servant de ce que vous avez déjà chez vous. L'objet que j'utilise le plus souvent est une boîte à chaussures vide. J'ai essayé tous les types d'éléments de rangement, mais je n'en ai trouvé aucun qui soit gratuit et plus efficace que la boîte à chaussures, à laquelle je donne une note au-dessus de la moyenne pour mes cinq critères : taille, matériau, durabilité, facilité d'utilisation et attrait. Ses attributs bien équilibrés et sa polyvalence sont ses plus grands atouts. Depuis peu, les chaussures sont également vendues dans des boîtes au design sympa. Quand je visite leur maison, je demande souvent à mes clients : « Avez-vous des boîtes à chaussures ? »

Les possibilités d'utilisation des boîtes à chaussures sont infinies. Je m'en sers beaucoup pour ranger des chaussettes et des collants dans des tiroirs. Leur hauteur est idéale pour héberger des collants roulés disposés debout. Dans la salle de bains, elles peuvent contenir des flacons de shampooing, après-shampooing, etc. Et elles sont également idéales pour ranger les détergents et autres produits de nettoyage. Dans la cuisine, elles peuvent servir pour les denrées alimentaires, ainsi que les sacs-poubelle, torchons, etc. Je mets dedans des moules à gâteau et d'autres ustensiles de cuisine plus rarement utilisés. La boîte peut prendre place sur une étagère en hauteur. Nombre de gens semblent ranger leurs moules et plats allant au four dans des sacs en plastique, mais il est bien plus commode de les mettre dans une boîte à chaussures. Cette solution extrêmement simple est très prisée de mes clients. Je suis toujours ravie quand ils me disent se servir plus de leur four depuis la réorganisation de leur intérieur.

Le couvercle d'une boîte à chaussures est peu profond et peut encore servir de plateau. Rangé dans le placard de cuisine, vous pouvez mettre dedans huiles et épices et garder ainsi bien propre le niveau inférieur du placard. Contrairement à nombre de revêtements d'étagère, ces couvercles ne sont pas glissants et bien plus faciles à remplacer. Si vous conservez des ustensiles de cuisine, tels que votre louche, dans les tiroirs, vous pouvez utiliser un couvercle de boîte à chaussures pour les maintenir en place. Cela évitera que les ustensiles ne roulent bruyamment chaque fois que vous ouvrez ou fermez le tiroir. En outre, ce couvercle sert de séparateur et permet une utilisation optimale de l'espace restant.

Il existe bien entendu de nombreux autres types de boîtes pouvant servir d'éléments de rangement très pratiques. Parmi celles dont je me sers le plus fréquemment figurent les boîtes en plastique renfermant les cartes de visite et celle fournie avec un iPod. En fait, les boîtes de nombreux produits Apple présentent une taille et une conception idéales pour le rangement. Servez-vous-en donc comme séparateurs dans vos tiroirs. Elles conviennent parfaitement pour stocker des crayons, stylos et autre matériel d'écriture. Autre élément classique : les boîtes en plastique de denrées alimentaires, qui peuvent servir à entreposer de petits objets dans la cuisine.

En bref, n'importe quelle boîte de la bonne taille fera l'affaire. En revanche, les cartons d'appareils électroménagers sont trop grands pour servir de séparateurs, peu commodes pour contenir autre chose et carrément laids. Débarrassez-vous-en ! Chaque fois que vous tombez sur des boîtes vous semblant réutilisables lorsque vous triez vos affaires, mettez-les de côté en pensant au moment où vous rangerez. Veillez à jeter toutes celles qui restent une fois votre maison en ordre. Ne vous y accrochez jamais en vous disant qu'elles pourraient vous être utiles un jour.

Je ne recommande pas l'utilisation comme séparateurs de boîtes rondes, en forme de cœur ou d'un format irrégulier car elles vous font généralement gaspiller de l'espace. Cependant, si une boîte donnée vous procure une émotion lorsque vous l'avez entre les mains, c'est différent. La jeter ou la garder sans vous en servir serait dommage. Dans ce cas, suivez votre intuition. Vous pouvez par exemple recycler ces boîtes dans un tiroir pour ranger des accessoires à cheveux, des boules de coton ou votre nécessaire de couture. Créez vos propres combinaisons en adaptant une boîte vide à un type d'objet bien précis à ranger. La meilleure méthode consiste à faire des essais en vous amusant.

Mes clients s'aperçoivent toujours qu'ils possèdent déjà les contenants du type dont ils ont besoin, ce qui leur évite de sortir en acheter. Sur le marché, il existe bien entendu plein d'éléments de rangement conçus par de grands designers, mais, pour l'heure, l'essentiel est de finir de mettre votre maison en ordre le plus vite possible. Plutôt que d'acheter quelque chose qui fera momentanément l'affaire, attendez d'avoir terminé tout le processus, puis prenez le temps de rechercher des éléments de rangement qui vous plaisent vraiment.

Le meilleur moyen de ranger des sacs, c'est de les mettre dans un autre sac

Les sacs à main, fourre-tout et autres sacs non utilisés sont vides et, dans mon activité, je me suis rendu compte que c'était de la place gâchée, d'autant qu'ils se trouvent souvent dans les principaux espaces de rangement. Non seulement ils prennent plus de place car il n'est pas possible de les plier, mais ils sont également souvent bourrés de papier de soie pour leur éviter de se déformer. Dans les logements japonais où les espaces de rangement sont extrêmement limités, cela passe pour une utilisation impardonnable de l'espace disponible. Et le fait qu'à la longue, le papier de soie contenu dans les sacs commence la plupart du temps à se déchirer porte l'insulte à son comble.

Déterminée à trouver une solution, j'ai entamé mes expériences. J'ai d'abord décidé de me passer de papier de soie. Après tout, se débarrasser des choses n'apportant aucune joie est la caractéristique majeure de mon approche. J'ai essayé de bourrer un sac avec des objets hors saison. L'été, je me servais d'écharpes et de gants, et l'hiver, de maillots de bain. Non seulement les sacs conservaient leur forme, mais le volume de rangement doublait. J'étais ravie de cette solution qui semblait faire d'une pierre deux coups. Mais, au bout d'un an, j'avais abandonné cette idée, qui n'était en fait géniale qu'en apparence. Dans la pratique, devoir enlever tous les objets chaque fois que je souhaitais utiliser un sac à main était particulièrement pénible. Et, une fois ôtés, ces objets restaient en fouillis dans le placard.

Bien entendu, je n'ai pas baissé les bras. J'ai continué à chercher un matériau pour rembourrer les sacs qui ne risquait pas de se déchirer. J'ai eu ensuite l'idée de mettre de petits objets dans un sac en tissu fin que je plaçais dans le sac à main. C'était facile à retirer et le sac en tissu était plutôt joli dans le placard. J'étais enchantée d'avoir trouvé une autre solution révolutionnaire. Mais cette méthode avait elle aussi un inconvénient caché. Je ne voyais pas les objets hors saison contenus à l'intérieur et, le moment venu de les utiliser, j'avais complètement oublié de vider deux des petits sacs de rembourrage. Ce n'est qu'un an plus tard que j'ai fini par les repérer et les objets qu'ils contenaient paraissaient bien délaissés et malheureux. Ça m'a fait réfléchir. Malgré mon principe consistant à garder toujours en vue les vêtements et autres objets hors saison, j'avais bêtement cru que je penserais à sortir ce que je ne pouvais voir.

J'ai vidé les sacs en tissu, libérant ainsi leur contenu ; les sacs à main paraissaient désormais bien défraîchis. Il me fallait quelque chose pour les aider à garder leur forme, mais je ne tenais pas à les remplir de vêtements hors saison que j'avais toutes les chances d'oublier. Ne sachant pas quoi faire, j'ai décidé de placer, en attendant, un sac dans un autre. Et cela s'est avéré la solution idéale. En rangeant les sacs dans d'autres sacs, j'ai divisé par deux l'espace de rangement nécessaire et je n'ai pas perdu la trace de leur contenu puisque j'ai laissé les sangles pendre à l'extérieur.

La clé est de les grouper par type : les sacs à main faits d'un matériau similaire, par exemple du cuir rigide ou du tissu épais, ou les sacs à main pour des occasions particulières, comme un mariage ou des obsèques. En les classant par matériau et/ou utilisation, vous n'avez besoin de sortir qu'un lot lorsque vous avez besoin d'un sac à main. C'est bien plus facile. Veillez cependant à ne pas stocker trop de sacs à main dans un seul. La limite que je me suis fixée est de deux, de façon à ne pas oublier le sac hébergeant ses congénères. En ce qui concerne les sacs fourre-tout, qui deviennent étonnamment petits lorsqu'on les plie, je vous conseille de les réunir tous dans un seul.

Pour résumer, le meilleur moyen d'entreposer des pochettes, sacs à main et autres sacs est de les grouper par matériau, taille et fréquence d'utilisation, puis de les ranger les uns dans les autres, comme des poupées gigognes. Les sangles et autres bandoulières doivent rester apparentes. Si le sac à main qui vient d'être utilisé comme élément de rangement était dans un sac, vous pouvez placer le lot correspondant dedans. Alignez ces lots de sacs dans votre placard ou penderie de façon qu'ils soient visibles. Ranger les sacs les uns dans les autres en trouvant les bonnes combinaisons est très amusant, un peu comme reconstituer un puzzle. Lorsque vous trouvez la bonne paire, à savoir quand l'un va bien dans l'autre, c'est comme assister à la rencontre de deux personnes qui sont faites l'une pour l'autre.

Videz votre sac tous les jours

Les choses dont vous avez besoin chaque jour sont nombreuses : portefeuille, carte de bus ou de train, agenda. Nombre de personnes ne voient pas l'intérêt de sortir ces choses de leur sac une fois de retour à la maison puisqu'elles les reprendront le lendemain. Erreur ! Un sac à main ou autre sert à transporter les choses dont vous avez besoin, comme des documents, votre téléphone mobile et votre portefeuille. Il les héberge sans se plaindre, même quand il est plein à craquer. Lorsque vous le posez par terre et qu'il s'égratigne l'arrière-train, il n'émet aucune protestation et se contente de vous aider en faisant de son mieux. Quel bosseur acharné ! Il serait cruel de ne pas lui accorder un moment de repos, au moins quand il est de retour chez lui. Être rempli en permanence, même quand il ne sert pas, doit s'apparenter à aller se coucher l'estomac plein. Si vous traitez vos sacs à main de la sorte, ils vont très vite avoir l'air fatigué et usé.

Si vous ne prenez pas l'habitude de vider le contenu de votre sac à main, vous risquez de laisser quelque chose à l'intérieur quand vous déciderez d'en changer. Très vite, vous aurez oublié le contenu de chaque sac. Incapable de trouver un stylo ou un tube de crème pour les lèvres, vous filerez en acheter un. Ce que je trouve le plus couramment dans les sacs à main de mes clients quand nous rangeons leur chambre, ce sont des mouchoirs, des pièces, des tickets froissés et des chewing-gums usagés enveloppés dans leur papier. Le danger est que des objets importants comme des accessoires, des blocs-notes et des documents y soient mêlés.

Par conséquent, videz votre sac tous les jours. Ce n'est pas aussi pénible que cela en a l'air. Il suffit de réserver une place pour son contenu. Trouvez une boîte et placez-y verticalement votre carte de train, votre badge et d'autres objets importants. Puis rangez cette boîte dans un tiroir ou placard. N'importe quelle boîte fera l'affaire, mais si vous ne trouvez pas la bonne taille, une boîte à chaussures conviendra. Vous pouvez aussi mettre tout ça dans le coin d'un tiroir, sans utiliser de boîte. L'apparence est importante. Par conséquent, si vous décidez d'employer une boîte, n'hésitez pas à en choisir une qui vous plaît vraiment. L'un des meilleurs endroits où conserver cette boîte est sur le dessus de vos tiroirs de rangement et de préférence à proximité de votre sac à main.

Si vous n'avez pas la possibilité de vider votre sac, pas de souci. Je rentre parfois très tard chez moi et je ne me donne pas la peine de le faire parce que j'ai prévu de réutiliser ce sac le lendemain matin de bonne heure. Vous ne le direz à personne, mais pendant que j'écrivais ce livre, il m'est arrivé de rentrer chez moi et de m'endormir par terre avant même de m'être changée. L'important est de créer un environnement dans lequel votre sac à main peut se reposer, en réservant un endroit où placer tous les objets qu'il transporte généralement.

Les objets laissés à même le sol méritent d'aller dans le placard

Si vous avez des placards ou penderies intégrés chez vous, la plupart de vos affaires peuvent tenir dedans. Les placards japonais sont idéals comme espaces de rangement. Ils sont larges et profonds, sont divisés en deux horizontalement par une étagère très robuste et encastrés dans le mur. Mais de nombreux Japonais ne savent pas tirer parti de cet espace. Pour ceux d'entre vous disposant de ce genre de placard, le mieux est d'y être fidèles. Vous aurez beau vous atteler à concevoir un système ingénieux pour résoudre tous vos problèmes de rangement, le résultat sera presque toujours moins facile d'utilisation que ce dont vous disposiez au départ.

Voici la méthode élémentaire pour utiliser avec efficacité un placard. Il faut tout d'abord ranger dans l'endroit le plus difficile d'accès les objets hors saison, à savoir les décorations de Noël, les tenues de ski, de randonnée ou les vêtements et le matériel d'autres sports de saison. C'est également le meilleur endroit pour les souvenirs imposants qui ne tiennent pas dans une bibliothèque, comme des albums photos, de mariage par exemple. Mais ne les mettez pas dans des cartons, rangez-les plutôt à l'avant du placard comme vous classeriez des livres dans une bibliothèque, sous peine de ne jamais plus porter le regard dessus.

Les vêtements de tous les jours doivent trouver leur place dans le placard. Si vous les mettez dans des casiers en plastique transparents, je vous conseille vivement d'opter pour le type tiroir et non boîte. Quand ces vêtements sont rangés dans une boîte, il est ensuite pénible de les en sortir et, la plupart du temps, les gens ne s'embêtent jamais à les remettre une fois la bonne saison revenue. Et il faut bien entendu plier et ranger ces vêtements sur chant dans le tiroir.

La literie trouve sa place idéale sur l'étagère supérieure du placard, là où elle est la moins exposée à l'humidité et à la poussière. L'espace du bas peut servir à entreposer des appareils électriques hors saison, comme un ventilateur et un chauffage d'appoint. Le meilleur moyen d'utiliser un placard japonais est de le considérer comme une petite pièce et de mettre à l'intérieur des tiroirs ou d'autres éléments de rangement. Chez une de mes clientes, tous ses vêtements étaient pêle-mêle dans le placard. Lorsque nous avons ouvert la porte, cela ressemblait à un dépotoir et les vêtements étaient tout enchevêtrés.

Il est bien plus efficace de mettre tous vos éléments de rangement dans votre placard. Personnellement, j'y intègre généralement des rayonnages en acier, des étagères à livres et en contreplaqué. J'y range également les objets encombrants qui prennent de la place au sol – par exemple des valises, clubs de golf, appareils électriques ou instruments de musique. Je suis persuadée que nombre de mes clients ne pensaient pas pouvoir faire tenir toutes leurs affaires dans leur placard, mais cela s'est avéré assez simple après avoir trié et jeté selon la méthode KonMari.

Laissez la baignoire et l'évier de la cuisine dégagés

Combien de flacons de shampooing et après-shampooing ont colonisé le rebord de votre baignoire ? Chaque membre de la famille peut avoir son produit. Il est possible que vous en utilisiez plusieurs types selon votre humeur ou pour des soins à effectuer une fois par semaine. Mais tous ces flacons et tubes sont une corvée à déplacer lorsque vous nettoyez la baignoire. Placés à même le sol dans la douche ou sur le bord de la baignoire, ils deviennent visqueux. Pour éviter ce phénomène, certains les mettent dans un panier grillagé mais je peux vous dire par expérience que c'est pire.

Un jour, j'ai acheté un panier suffisamment grand pour y faire tenir tous les savons, shampooings et même masques de toute la famille. Ma joie d'avoir trouvé un contenant pratique fut de courte durée. Je devais d'abord le sécher chaque fois que je prenais un bain, et passer un chiffon sur chaque segment de la partie grillagée est vite devenu une vraie corvée. Je ne le faisais qu'une fois tous les trois jours, puis je suis passée à une fois tous les cinq jours, puis encore moins souvent, jusqu'à ce que je laisse carrément tomber l'affaire. Un jour, j'ai remarqué que le flacon de shampooing était rouge et visqueux à la base. En regardant de plus près le fond du panier, j'ai constaté qu'il était tellement recouvert d'un dépôt que je ne pouvais plus porter mon regard dessus. Je l'ai frotté au bord des larmes, puis j'ai jeté le panier peu de temps après. C'était trop pénible et, chaque fois que j'entrais dans la baignoire et que je voyais le panier, ce dépôt visqueux dégoûtant me revenait en mémoire. La salle de bains étant la pièce la plus humide de la maison, j'aurais dû me douter que cela en faisait l'endroit le plus inapproprié pour entreposer quoi que ce soit.

Nul besoin de laisser les savons et shampooings sortis quand nous ne les utilisons pas. En outre, le fait de les exposer inutilement à la chaleur et à l'humidité risque d'altérer leur qualité. J'ai donc adopté pour principe de ne rien laisser sur le rebord de la baignoire ou dans la douche. Dès que vous utilisez un produit dans la baignoire, vous devez de toute façon le sécher par la suite, alors autant le ranger dans un placard. Si cela vous semble de prime abord représenter plus de travail, c'est en fait le contraire. Il est bien plus rapide et facile de nettoyer la baignoire ou la douche sans qu'elle soit encombrée par ces objets. Et il se formera moins de dépôt visqueux.

Il en va de même pour l'évier de la cuisine. Vos éponges et votre liquide vaisselle restent-ils à côté de l'évier ? Personnellement, je les range dessous. Le secret est de s'assurer que l'éponge est tout à fait sèche. De nombreuses personnes emploient un porte-éponge grillagé avec une ventouse qui s'accroche à l'évier. Si c'est votre cas, je vous conseille de l'enlever immédiatement. Il ne sèche jamais car il est en permanence aspergé d'eau, et, très vite, il se met à sentir mauvais. Pour éviter ce désagrément, essorez bien votre éponge après utilisation et suspendez-la avec une pince à linge à votre porte-serviettes ou à la poignée d'un tiroir par exemple, pour la faire sécher. Je conseille de suspendre vos éponges dehors, à une corde à linge.

Je fais sécher mes éponges, mais également mes planches à découper, passoires et plats sur ma véranda. Les rayons du soleil sont un excellent désinfectant et ma cuisine est toujours très bien rangée parce que je n'ai pas besoin d'égouttoir. D'ailleurs, je n'en ai pas. Je mets tous les plats que je nettoie dans un grand saladier que je place ensuite sur la véranda. Je les lave le matin, puis je les laisse sécher dehors. En fonction de la météo et de l'endroit où vous vivez, cette approche peut vous convenir.

Où entreposez-vous l'huile, le sel, le poivre et les autres condiments ? Nombre de personnes les rangent juste à côté de la cuisinière parce qu'ils veulent les avoir à portée de main. Si c'est votre cas, j'espère que vous allez voler à leur secours sans tarder. Pourquoi ? Parce qu'un plan de travail est destiné à préparer les repas et n'est pas fait pour stocker des choses. L'espace de travail situé juste à côté des feux est exposé à des projections d'huile, de beurre et d'aliments et les condiments conservés à cet endroit sont généralement collants de graisse. Les rangées de flacons stockés dans cette zone rendent son nettoyage difficile et un film d'huile recouvre souvent le plan de travail. Les étagères et placards de cuisine sont généralement faits pour héberger les condiments et épices. Rangez-les donc là. Très souvent, un tiroir long et étroit ou un placard se trouve juste à côté du four. Servez-vous-en.

Décorez votre placard à l'aide de vos objets préférés

« S'il vous plaît, n'ouvrez pas ça ! » est une phrase que j'entends souvent. Mes clients ont généralement un tiroir, une boîte ou un placard qu'ils ne veulent pas me montrer. Nous avons tous des choses que nous souhaitons cacher aux autres mais qui sont importantes à nos yeux. Parmi les objets courants figurent des posters de chanteurs et autres souvenirs de fan, ainsi que des livres sur ses passe-temps. Les posters sont souvent roulés au fond du placard et les CD rangés dans une boîte. Mais c'est dommage. Votre chambre devrait être la pièce dans laquelle vous cultivez les centres d'intérêt qui vous sont chers. Par conséquent, si vous aimez quelque chose, ne le cachez pas honteusement. Mais si vous ne souhaitez pas que vos amis ou d'autres personnes soient au courant, j'ai une solution. Transformez votre espace de rangement en espace privé source de plaisir personnel. Décorez la paroi du fond de votre penderie, derrière vos vêtements, ou l'intérieur de la porte avec vos trésors.

Tout peut servir à décorer votre penderie, des éléments privés ou non : posters, photos, ornements, ce que vous aimez. La façon de décorer votre espace de rangement n'a pas de limite. Personne ne va émettre de critiques parce que personne ne le verra. Votre espace de rangement est votre paradis personnel. Alors, personnalisez-le à souhait.

Déballez immédiatement les vêtements que vous venez d'acheter et enlevez sans tarder les étiquettes

L'une des nombreuses choses qui me stupéfient lorsque j'aide mes clients à ranger leur intérieur est la quantité d'objets qui se trouvent encore dans leur emballage. Concernant les aliments et les produits sanitaires, je peux le comprendre, mais pourquoi les gens fourrent-ils par exemple des chaussettes et sous-vêtements dans leur tiroir sans ôter les emballages? Ils gaspillent de la place et risquent tout simplement de les oublier.

Mon père aimait «collectionner» les chaussettes. Chaque fois qu'il allait au supermarché, il en achetait des grises ou noires qui allaient avec ses costumes et les rangeait dans son tiroir sans retirer l'emballage. Il aimait également les pulls gris et je les retrouvais souvent au fond du placard, encore emballés dans leur plastique. J'étais toujours peinée pour ces vêtements. Je pensais que seul mon père avait pris cette habitude, mais quand j'ai commencé mon activité, je me suis rendu compte que beaucoup étaient comme lui. Ce problème concerne généralement une chose portée régulièrement, comme les chaussettes, sous-vêtements et collants. Le point commun entre ces clients est qu'ils ont bien plus de stock que nécessaire. J'ai été ébahie de découvrir qu'ils achètent des articles supplémentaires alors qu'ils n'ont pas encore déballé ceux achetés précédemment. Ils n'ont peut-être pas le sentiment de les posséder vraiment parce qu'ils sont encore dans leur emballage. Je suis par exemple tombée chez une cliente sur 82 paires de collants, record battu! Ils étaient encore dans leur emballage et remplissaient une boîte de rangement en plastique.

Quand vous achetez un article, il est certes plus simple de le fourrer dans votre tiroir encore emballé. Et vous éprouvez peut-être un certain plaisir à arracher l'emballage lorsque vous le sortez pour le porter la première fois. Mais la seule différence entre les produits emballés dans votre tiroir et ceux dans la boutique est l'endroit où ils sont conservés. Les gens partent souvent du principe qu'il est plus économique d'acheter des articles en gros lors des soldes. Mais je suis persuadée du contraire. Si l'on envisage le coût de stockage des choses, il est plus avantageux de les laisser dans la boutique que de les avoir chez soi. En outre, si vous les achetez et les utilisez au fur et à mesure, ils seront plus neufs et en meilleur état. Voilà pourquoi je vous incite fortement à ne pas accumuler des choses. Achetez plutôt ce dont vous avez besoin en veillant à ôter immédiatement l'emballage, puis rangez les articles. Si vous avez déjà une réserve imposante, faites au moins l'effort de les déballer. En les laissant dans leur emballage, vous leur faites du mal.

Les collants sont les articles les plus couramment laissés dans leur emballage. Lorsque vous les déballez, ôtez le séparateur en carton. Vous n'en aurez pas besoin par la suite. Les collants prennent 25 % de place en moins une fois déballés et pliés. Ils sont en outre beaucoup plus accessibles ainsi et vous risquez moins de les oublier. J'estime que ce n'est qu'une fois déballé qu'un article vous appartient vraiment.

Dans la même veine que l'emballage, vous avez les étiquettes. Chez mes clientes, je trouve souvent des jupes ou gilets encore affublés d'étiquettes (comprenant le prix et le nom de la marque). La plupart du temps, la cliente a oublié leur existence et semble surprise de découvrir ces vêtements, même s'ils sont parfaitement visibles sur le portant de sa penderie. Je me suis demandé pendant longtemps ce qui rendait ces vêtements invisibles. Bien décidée à trouver une explication, je suis allée observer les rayons vêtements de divers grands magasins.

Après avoir poursuivi mes recherches pendant quelque temps, je me suis rendu compte qu'il existe une différence notoire entre les vêtements rangés dans une penderie chez quelqu'un et ceux suspendus sur un portant dans une boutique. L'aura de ces derniers est différente de celle des tenues que nous portons chaque jour. Ils affichent un aspect très convenable qui demeure quand ils portent encore leurs étiquettes. C'est comme ça que je vois les choses. Dans les boutiques, les vêtements sont des produits alors qu'à la maison, il s'agit d'affaires personnelles. Les vêtements ayant encore l'étiquette du prix n'ont pas encore été accaparés par quelqu'un et n'appartiennent donc à personne. Dépassés par l'aura de nos vêtements «légitimes», ils se remarquent moins. Il est donc logique que nous les négligions et que nous finissions par les oublier lorsque nous passons en revue le contenu de notre penderie.

Certaines personnes craignent qu'une fois les étiquettes retirées, la valeur des vêtements chute si elles tentent de les revendre, mais c'est contradictoire. Si vous allez faire les boutiques, achetez des vêtements en ayant l'intention de bien les accueillir chez vous et d'en prendre soin. Ôtez les étiquettes tout de suite après l'achat. Pour que ces derniers opèrent la transition du statut de produits de boutique à celui d'affaires personnelles, vous devez vous plier au rituel consistant à couper le « cordon ombilical » qui les relie au magasin.

Ne sous-estimez pas le « bruit » des informations écrites

Mes élèves chevronnés exigent généralement un niveau de confort encore plus élevé dans leur intérieur une fois qu'ils sont parvenus à résoudre les problèmes de surabondance d'affaires personnelles et de rangement. À première vue, leur maison est si ordonnée que certains de mes clients ne semblent pas avoir besoin de mes services.

Une cliente de ce genre, d'une trentaine d'années et vivant en compagnie de son mari et de leur fille de 6 ans, n'avait pas le moindre scrupule à jeter des choses et, lors de notre premier cours, elle s'est débarrassée de 200 livres et d'objets qui tenaient dans 32 sacs-poubelle. C'était avant tout une femme d'intérieur et elle passait son temps à prendre soin de la maison, recevant deux fois par mois d'autres mères et leurs enfants et donnant régulièrement des cours d'art floral chez elle. Elle avait souvent des visiteurs et tenait toujours à avoir une maison rangée de façon à ne pas être gênée en cas de visites à l'improviste. Sa maison comprenait deux chambres, une salle de séjour et une cuisine américaine. Leurs affaires tenaient parfaitement dans les placards intégrés et deux étagères métalliques à hauteur d'homme. Les parquets étaient nus et toujours bien cirés. Ses amis se demandaient comment elle pouvait être plus ordonnée qu'elle ne l'était déjà, mais elle semblait toujours mécontente.

« Nous n'avons pas beaucoup de choses, mais je ne me sens pas bien. C'est comme s'il me restait un cap à franchir. »

Lorsque j'ai visité sa maison, c'était rangé, mais, comme elle l'avait dit, quelque chose clochait. Dans ce cas, la première chose que je fais est d'ouvrir les portes de tous les espaces de rangement. Lorsque j'ai ouvert le placard principal, je suis tombée sur ce à quoi je m'attendais. Des étiquettes mentionnant « Des solutions de rangement géniales ! » étaient collées sur les tiroirs en plastique, des paquets de désodorisants d'intérieur avaient encore leur slogan, « De l'air frais instantanément ! », des cartons étaient affublés des mots « Oranges Iyo ». Partout où je portais mon regard, je voyais des mots, encore des mots, toujours des mots. C'est précisément le cap que ma cliente cherchait à franchir. Un déluge d'informations qui se produit lorsque vous ouvrez un placard rend une pièce un peu « bruyante ». Ces mots polluent votre champ de vision, surtout s'ils sont dans votre langue. Et votre cerveau les considère comme des informations à trier. C'est la commotion assurée !

Dans le cas de ma cliente, chaque fois qu'elle choisissait ses vêtements, elle était assaillie par ce genre de message, « Oranges Iyo » et « De l'air frais instantanément ! », comme si quelqu'un lui marmonnait toujours quelque chose à l'oreille. Étrangement, le fait de refermer les portes du placard ne dissimule pas ces informations. Les mots se muent en parasites qui remplissent l'atmosphère. Par expérience, même s'ils semblent impeccables en surface, les espaces de rangement « bruyants » regorgent généralement de données inutiles. Plus la maison est nickel et plus les meubles sont peu nombreux, plus ces informations nous cassent les oreilles. Commencez donc par ôter les étiquettes de vos éléments de rangement. Tout comme avec les étiquettes des vêtements neufs, c'est absolument essentiel. Déchirez le film plastique publicitaire de vos désodorisants et détergents, par exemple. Les espaces qui ne se voient pas font tout de même partie de votre maison. En supprimant les informations visuelles superflues qui ne sont source d'aucune joie, vous parviendrez à rendre votre intérieur bien plus paisible et confortable. L'influence de cette démarche est tellement incroyable qu'il serait dommage de ne pas la mettre en œuvre.

Sachez être reconnaissant de ce que vous apportent vos affaires

L'une des missions que je confie à mes clients consiste à se montrer reconnaissants vis-à-vis de leurs affaires. Par exemple, je les pousse à dire : « Merci de me donner chaud toute la journée » quand ils suspendent leurs vêtements une fois de retour chez eux. Je suggère aussi aux femmes de dire : « Merci de me rendre jolie » lorsqu'elles rangent leurs accessoires. Et, quand elles mettent leur sac à main dans le placard, je leur conseille de dire : « C'est grâce à toi que j'ai pu en faire autant aujourd'hui. » Exprimez votre reconnaissance à chaque objet vous ayant accompagné au cours de la journée. Si vous avez du mal à le faire chaque jour, exécutez ce rituel quand vous le pouvez.

J'ai commencé à considérer mes affaires comme des êtres vivants lorsque j'étais lycéenne. J'avais mon propre téléphone mobile. L'écran était certes encore monochrome, mais j'adorais son format compact et sa couleur bleu clair. Je n'étais pas accro au téléphone portable, mais j'aimais tellement celui que j'avais que j'enfreignais les règles de l'école en le glissant chaque jour dans la poche de mon uniforme. Je le sortais de temps en temps pour l'admirer et je souriais intérieurement. La technologie progressait et tout le monde s'achetait des téléphones avec un écran couleur, mais j'ai gardé mon vieux modèle le plus longtemps possible, jusqu'à ce qu'il devienne trop rayé et usé et qu'il me faille le remplacer. Lorsque j'ai eu mon nouveau mobile, l'idée m'est venue d'envoyer un SMS à mon ancien téléphone. C'était la première fois que je changeais de téléphone et j'étais très enthousiaste. Au bout de quelques instants de réflexion, j'ai tapé simplement « Merci pour tout » et ajouté un cœur. Puis j'ai appuyé sur Envoyer. Mon vieux téléphone a immédiatement sonné et j'ai consulté mes messages. C'était bien entendu le SMS que je venais d'envoyer. « Super ! Tu as reçu mon message. Je voulais simplement te dire merci pour tout ce que tu as fait pour moi », ai-je dit à mon ancien mobile. Puis je l'ai refermé.

Quelques minutes plus tard, je l'ai ouvert à nouveau et j'ai découvert avec surprise que l'écran était blanc. J'avais beau appuyer sur n'importe quel bouton, l'écran ne réagissait pas. Mon téléphone, qui n'était jamais tombé en panne, avait succombé après avoir reçu mon message. Il n'a jamais plus fonctionné, comme si, après s'être rendu compte que sa mission était terminée, il avait démissionné de son poste de son propre chef. Je sais que certaines personnes ont du mal à croire les objets capables de réagir aux émotions des êtres humains et ce n'était peut-être qu'une coïncidence.

Pourtant, nous entendons souvent parler de sportifs qui prennent amoureusement soin de leurs matériels, les traitant presque comme des objets sacrés. Je pense qu'ils ressentent d'instinct leur pouvoir. Si nous traitions avec le même soin que les sportifs tous les objets dont nous nous servons au quotidien, qu'il s'agisse de notre ordinateur, de notre sac à main, de nos stylos ou crayons, nous pourrions considérablement accroître le nombre d'éléments fiables dans notre vie. Posséder quelque chose qui ne soit pas réservé à des événements ou concours spéciaux est un acte très naturel au quotidien.

Même si nous n'en avons pas conscience, nos affaires font beaucoup pour nous au quotidien, jouant leur rôle respectif dans notre vie. Si nous aimons rentrer à la maison pour nous détendre après une journée de travail, nos affaires poussent un soupir de soulagement une fois de retour à leur place de prédilection dans notre logement. Avez-vous déjà pensé à quoi ressemblerait votre vie si vous n'aviez aucun domicile fixe ? Votre vie serait pleine d'incertitudes. C'est précisément parce que nous avons un endroit où revenir le soir que nous pouvons sortir travailler, faire les boutiques ou fréquenter du monde. Il en va de même pour nos effets personnels. Eux aussi doivent être rassurés de pouvoir disposer d'un endroit où revenir systématiquement. La différence est flagrante. Les objets ayant un endroit de prédilection qu'ils retrouvent chaque jour pour bénéficier d'un repos bien mérité affichent une plus grande vitalité.

Une fois que mes clients ont appris à traiter leurs affaires avec respect, ils me disent toujours : « Mes vêtements durent plus longtemps. Mes pulls se tiennent mieux et je ne renverse plus de choses dessus. » Cela sous-entend que prendre soin de ses affaires est le meilleur moyen de les motiver à soutenir leur propriétaire, à savoir vous. Lorsque vous traitez bien vos affaires, elles vous rendent la pareille. C'est pour cette raison que je prends le temps de me demander de temps en temps si l'espace de rangement que je leur ai réservé les rendra heureuses. Après tout, le rangement est l'art sacré de choisir une maison pour mes affaires.

CHAPITRE 5

LA MAGIE DU RANGEMENT VA TRANSFORMER VOTRE VIE DE MANIÈRE SPECTACULAIRE

Mettez en ordre votre maison et découvrez ce que vous voulez vraiment faire de votre vie

Au Japon, un délégué de classe est quelqu'un de populaire, doté de qualités de leadership et qui aime se distinguer. Nous disons de quelqu'un qui présente ces qualités qu'il a la «fibre du délégué». Moi, je suis une «organisatrice», une excentrique, au calme dans le coin de la classe, qui œuvre à l'organisation des étagères. Je suis tout à fait sérieuse — c'est à prendre au sens littéral du terme.

La première mission officielle que l'on m'a confiée à l'école primaire était de «ranger». Je me souviens très bien de cette journée. Tout le monde était en concurrence pour des tâches telles que nourrir les animaux domestiques de l'école ou arroser les plantes, mais quand la maîtresse a demandé: «Qui aimerait être responsable de l'organisation et du rangement de la classe?», j'ai été la seule à lever la main et j'étais très enthousiaste. Rétrospectivement, mes gènes du rangement étaient déjà à l'œuvre malgré mon jeune âge. En lisant les chapitres précédents, vous avez découvert à quoi je passais mes journées à l'école, me chargeant avec joie et confiance de la réorganisation de la salle de classe, des vestiaires et des étagères.

Lorsque je raconte cette histoire, on me dit souvent: «Vous avez vraiment de la chance d'avoir su ce qui vous plaisait très jeune. Je vous envie car je n'ai pas la moindre idée de ce que j'aimerais faire…» En fait, j'ai pris conscience assez récemment à quel point j'aimais organiser les choses. Si je consacre le plus clair de mon temps au rangement, en donnant des cours chez mes clients ou des conférences, lorsque j'étais jeune, mon rêve était de me marier. Le rangement faisait tellement partie intégrante de ma vie quotidienne que j'ai pris conscience de pouvoir en faire ma profession uniquement le jour où j'ai démarré mon activité. Quand les gens me demandaient ce que j'aimais faire, j'hésitais puis je répondais finalement en désespoir de cause: «Lire des livres.» Mais je me demandais en même temps «Qu'est-ce que j'aime faire?»

J'avais complètement oublié que l'on m'avait confié la mission d'organiser la salle de classe à l'école primaire. Quinze ans plus tard, j'ai soudain eu un flash pendant que je rangeais ma chambre. J'ai vu ma maîtresse écrire mon nom au tableau et j'ai réalisé avec surprise que ce domaine m'intéressait déjà quand j'étais très jeune.

Repensez à l'époque où vous étiez encore à l'école et aux choses que vous aimiez faire. Vous adoriez peut-être dessiner. Il y a des chances pour que ce passe-temps apprécié soit lié d'une manière ou d'une autre à votre activité actuelle, même si vous la menez différemment. Au fond, les choses que nous aimons vraiment ne changent pas avec le temps. Mettre de l'ordre dans votre maison est un excellent moyen de savoir quelles sont vos passions.

Je suis très amie depuis l'université avec l'une de mes clientes. Après l'obtention de son diplôme, elle a travaillé dans une grande société d'informatique, puis découvert ce qui lui plaisait vraiment grâce au rangement. Lorsque nous avons terminé de mettre de l'ordre dans sa maison, elle a regardé sa bibliothèque, qui ne renfermait plus que les livres qui la captivaient et s'est rendu compte qu'il s'agissait uniquement d'ouvrages sur l'assistance sociale. Les nombreux livres qu'elle avait achetés pour étudier l'anglais ou améliorer ses compétences en matière de secrétariat une fois entrée dans la vie active avaient disparu. Restaient seulement ceux sur l'assistance sociale dont elle avait fait l'acquisition lorsqu'elle était au collège. En les voyant, lui sont revenues à l'esprit ses nombreuses années de baby-sitting bénévole avant son entrée dans la vie active. Elle a soudain pris conscience qu'elle souhaitait contribuer à bâtir une société dans laquelle les mères pourraient travailler sans se faire de souci pour leurs enfants. Consciente pour la première fois de la passion qui était en elle, elle a passé l'année suivant mon cours à étudier et à se préparer. Puis elle a démissionné de son poste et monté une entreprise de baby-sitting. Elle a désormais de nombreux clients qui bénéficient de ses services et elle profite à fond de chaque journée en cherchant des moyens d'améliorer son activité.

« C'est en rangeant ma maison que j'ai découvert ce que je voulais vraiment faire. » Voilà les paroles que j'entends fréquemment de la bouche de mes clients. Pour la majorité d'entre eux, cette expérience de rangement les fait s'engager plus passionnément dans leur activité. Certains créent leur propre entreprise, d'autres changent de travail et d'autres encore voient croître leur intérêt pour leur métier. Ils deviennent également plus passionnés pour leurs centres d'intérêt, leur maison et leur vie de famille. Puisqu'ils sont plus conscients de ce qu'ils aiment, leur vie quotidienne devient plus enthousiasmante.

Bien que nous puissions mieux nous connaître en prenant le temps de nous analyser ou en écoutant la perception que les autres ont de nous, je suis persuadée que le rangement reste le meilleur moyen d'y parvenir. Après tout, nos affaires illustrent avec une grande précision l'historique des décisions que nous avons prises dans notre vie. Ranger est un moyen de faire le point sur ce que nous aimons vraiment.

L'effet magique du rangement transforme notre vie de manière spectaculaire

« Jusqu'à présent, je croyais qu'il était important de faire des choses dans le sens de la vie que je menais. J'ai donc suivi des séminaires et étudié afin de parfaire mes connaissances. Mais grâce à votre cours sur la façon de ranger mon intérieur, j'ai pris conscience pour la première fois qu'il vaut mieux soustraire qu'ajouter. »

Ce commentaire est l'œuvre d'une cliente, la trentaine, qui adorait étudier et s'était constitué un joli carnet d'adresses. Sa vie a changé radicalement après avoir suivi mon cours. L'objet dont elle ne voulait absolument pas se séparer était son immense collection de notes et supports de séminaires, mais quand elle a fini par les jeter, elle a ressenti la disparition d'un énorme poids. Après s'être débarrassée de près de 500 livres qu'elle avait l'intention de lire « un de ces jours », elle s'est aperçue qu'elle recevait de nouvelles informations chaque jour. Et quand elle a jeté son énorme tas de cartes de visite professionnelles, les personnes qu'elle avait souhaité rencontrer commencèrent à l'appeler et elle put les voir tout naturellement. Elle qui était auparavant versée dans la spiritualité, à la fin du cours, déclara avec satisfaction : « Le rangement est bien plus efficace que le *feng shui*, les pierres énergétiques et d'autres objets spirituels.» Depuis, elle a foncé tête baissée dans une nouvelle vie, démissionné de son poste et trouvé un éditeur pour son livre.

Le rangement change la vie de manière spectaculaire et cela vaut pour tout le monde, à 100 %. L'impact, que j'ai surnommé «la magie du rangement», est phénoménal. Il m'arrive de demander à mes clients dans quelle mesure leur vie a changé après avoir suivi mon cours. Je me suis certes habituée à leurs réponses, mais, au début, j'étais surprise. La vie des personnes qui rangent méticuleusement, à fond et en une seule fois, est systématiquement bouleversée.

La cliente citée plus haut était désordonnée depuis toujours. Lorsque sa mère a vu sa chambre impeccable, elle était tellement impressionnée qu'elle s'est inscrite elle aussi à mon cours. Elle estimait être une personne ordonnée, mais a changé d'avis en voyant la chambre de sa fille. Elle a tant aimé jeter des choses qu'elle s'est débarrassée sans aucun regret de son matériel de cérémonie du thé, qui lui avait coûté près de 200 euros, et s'est surprise à attendre avec impatience les jours de ramassage des poubelles.

«Avant, je n'avais aucune confiance en moi. Je n'arrêtais pas de penser qu'il me fallait changer, que je devais être différente, mais aujourd'hui, je m'accepte comme je suis. L'adoption de critères clairs pour juger les choses m'a permis d'accroître ma confiance en moi.» Comme le montre son témoignage, l'un des effets magiques du rangement est le renforcement de votre confiance en votre capacité à prendre des décisions. Ranger implique de tenir chaque objet dans vos mains, de vous demander s'il vous met en joie et de décider à partir de là de le garder ou de le jeter. En répétant ce processus des centaines et milliers de fois, nous améliorons naturellement notre faculté à prendre des décisions. Les gens qui manquent de confiance en leur jugement n'ont pas confiance en eux. Moi aussi, je manquais de confiance et c'est le rangement qui m'a sauvée.

Gagner en confiance grâce à la magie du rangement

Je suis parvenue à la conclusion que ma passion pour le rangement provenait du désir de gagner la reconnaissance de mes parents et d'un complexe vis-à-vis de ma mère. Étant le deuxième de trois enfants, je n'ai pas beaucoup bénéficié de l'attention de mes parents après l'âge de 3 ans. Ce n'était bien entendu pas intentionnel de leur part, mais je ne pouvais m'empêcher d'avoir cette impression à cause de ma position entre mon frère aîné et ma sœur cadette.

Mon intérêt pour les travaux ménagers et le rangement est apparu vers l'âge de 5 ans et je suis persuadée que j'essayais à ma manière de ne pas causer de souci à mes parents, qui étaient très pris par l'éducation de mon frère et de ma sœur. Très jeune, j'ai également pris conscience de la nécessité de ne pas dépendre d'autrui. Et, bien entendu, je souhaitais que mes parents me remarquent et soient fiers de moi.

Dès mon entrée à l'école primaire, j'ai utilisé un réveil pour être debout avant tout le monde. Je n'aimais pas m'appuyer sur les autres, j'avais du mal à leur faire confiance et j'étais carrément incapable d'exprimer mes sentiments. Dans la mesure où je passais les récréations seule à faire du rangement, vous imaginez bien que je n'étais pas une petite fille très extravertie. J'adorais errer dans l'école seule et, aujourd'hui encore, je demeure solitaire et préfère voyager et faire les boutiques seule. C'est très naturel chez moi.

Étant incapable de tisser des liens de confiance avec les autres, je m'attachais beaucoup aux choses, d'une manière singulière. Je pense qu'en raison de cette incapacité à dévoiler mes faiblesses ou mes vrais sentiments, ma chambre et les affaires qui s'y trouvaient sont devenues très précieuses à mes yeux. Face à elles, je n'avais pas besoin de faire semblant ou de cacher quoi que ce soit. Ce sont les choses matérielles et ma maison qui m'ont appris à apprécier l'amour inconditionnel et non mes parents ou mes amis. À vrai dire, je n'ai toujours pas beaucoup confiance en moi. Je suis parfois très découragée par mes insuffisances.

J'ai cependant confiance en mon environnement. Concernant les biens que je possède, les vêtements que je porte, la maison dans laquelle je vis, mon entourage et mon environnement, s'ils ne paraissent pas forcément hors du commun aux autres, je suis extrêmement reconnaissante de les avoir dans ma vie. Ces choses et ces personnes sont toutes spéciales, précieuses et incroyablement chères à mon cœur. Les choses et les gens qui m'apportent de la joie me soutiennent et m'aident à croire en mes capacités. Je tiens à aider ceux qui éprouvent les sentiments qui étaient autrefois les miens, manquent de confiance et ont du mal à s'ouvrir aux autres. Je veux qu'ils se rendent compte de tout le soutien que leur offrent leur intérieur et les objets dont ils sont entourés au quotidien. Voilà pourquoi je passe mon temps à visiter des maisons et à conseiller leurs propriétaires en matière de rangement.

Un attachement au passé ou une anxiété face à l'avenir

« Jetez tout ce qui ne vous met pas en joie. » Si vous avez expérimenté, ne serait-ce qu'un peu, cette méthode, vous vous êtes aperçu qu'il n'est pas si difficile d'identifier une chose source de joie. Vous connaissez la réponse dès que vous touchez l'objet. Il est bien plus difficile de décider de jeter quelque chose. Toutes sortes de raisons de ne pas le faire nous viennent à l'esprit : « Je n'ai pas utilisé ce pot de toute l'année, mais qui sait, je pourrais en avoir besoin un de ces jours... » ou : « Ce collier que m'a offert mon petit ami, je l'aimais beaucoup à l'époque... » Mais lorsque nous recherchons les véritables raisons pour lesquelles nous ne parvenons pas à nous séparer d'un objet, il n'en ressort que deux : un attachement au passé ou la peur de l'avenir.

Pendant le processus de sélection, si vous tombez sur un objet qui ne vous procure aucun plaisir mais que vous ne pouvez vous résoudre à jeter, demandez-vous : « Est-ce que j'ai du mal à m'en débarrasser à cause d'un attachement au passé ou d'une peur de l'avenir ? » Posez-vous la question pour chaque objet problématique. Vous commencerez alors à distinguer une tendance dans votre attachement aux choses qui appartient à l'une des trois catégories suivantes : l'attachement au passé, un désir de stabilité dans le futur et une combinaison des deux. Il est important de comprendre votre rapport à la propriété car c'est une expression des valeurs qui guident votre vie. À travers ce que vous souhaitez posséder s'exprime la question du mode de vie recherché. L'attachement au passé et la peur de l'avenir régissent non seulement le choix de vos biens mais représentent également les critères pris en compte lorsque vous prenez des décisions dans tous les domaines, y compris vos relations avec les autres et votre métier.

Par exemple, une femme très anxieuse face à l'avenir optera sans doute pour un homme parce qu'elle aime sa compagnie. Elle choisira peut-être quelqu'un simplement parce que la relation lui semble avantageuse ou parce qu'elle a peur de ne trouver personne d'autre si elle ne s'engage pas avec celui-ci. Concernant les choix de carrière, le même type de personne sera plus enclin à choisir un poste dans une grande entreprise de façon à disposer d'une palette d'options plus large dans le futur ou à opter pour certaines qualifications par sécurité plutôt que par amour du métier en question. En revanche, une personne très attachée au passé aura des difficultés à entamer une nouvelle relation parce qu'elle ne parvient pas à oublier le petit ami dont elle s'est séparée deux ans auparavant. Elle aura également du mal à essayer de nouvelles méthodes, même si celle qu'elle utilise actuellement n'est plus efficace, se disant : « Mais elle fonctionnait bien jusqu'ici ! »

Lorsque l'une ou l'autre de ces deux tendances nous empêche de jeter des choses, nous ne parvenons pas à percevoir ce dont nous avons besoin sur le moment. Nous ne sommes pas sûrs de ce qui pourrait nous donner satisfaction ou de ce que nous recherchons. Résultat, le nombre d'objets inutiles augmente, ce qui nous enferme physiquement et mentalement dans le superflu. Le meilleur moyen de savoir de quoi nous avons vraiment besoin est de se débarrasser de l'inutile. Les quêtes d'endroits lointains ou les séances de shopping ne sont plus nécessaires. Il vous suffit d'éliminer le superflu en faisant correctement face à chacun de vos biens.

Le processus de sélection peut s'avérer particulièrement difficile car il nous contraint à faire face à nos imperfections, à nos insuffisances et aux choix stupides opérés par le passé. Confrontée à mon passé pendant le processus de rangement, je me suis sentie très honteuse à de nombreuses reprises. Ma collection de gommes parfumées de l'école primaire, les objets que j'ai recueillis lors d'animations réalisées au collège, les vêtements que j'ai achetés quand j'étais au lycée lorsque j'essayais de faire plus vieille que mon âge, mais qui ne m'allaient pas du tout, les sacs à main que j'ai achetés alors que je n'en avais pas besoin, tout ça parce qu'ils m'avaient plu dans le magasin. Les objets qui sont notre propriété sont réels. Ils existent bel et bien et sont le résultat des choix que nous (et personne d'autre) avons réalisés par le passé. Les ignorer ou les jeter sans faire preuve de discernement, comme pour nier les choix effectués par le passé, n'est pas la voie à suivre. Voilà pourquoi je suis contre le fait d'accumuler ou de bazarder des objets sans réfléchir. Ce n'est qu'en prenant une par une nos affaires et en ressentant les émotions qu'elles déclenchent en nous que nous pouvons réellement apprécier la relation entretenue avec elles.

Il existe trois approches pour faire face aux biens que nous possédons : y faire face maintenant, y faire face un de ces jours et les éviter jusqu'à la fin de nos jours. Ce choix nous incombe. Mais je suis intimement persuadée qu'il est préférable d'y faire face maintenant. Si nous reconnaissons notre attachement au passé et nos peurs vis-à-vis de l'avenir en observant nos biens en toute objectivité, nous serons en mesure de percevoir ce qui est réellement important pour nous. Ce processus nous aide ensuite à identifier nos valeurs et a le mérite de diminuer les doutes et la confusion lorsqu'il s'agit de prendre des décisions affectant notre vie. En ayant confiance en nos décisions et en passant à l'action avec enthousiasme et sans être freinés par aucun doute, nous sommes alors capables de décrocher bien plus de succès. Autrement dit, l'idéal est de faire face le plus tôt possible aux objets que nous détenons. Si vous envisagez de mettre votre maison en ordre, faites-le immédiatement.

Apprendre à faire sans

Une fois que les gens se mettent réellement à faire du rangement, ils remplissent de nombreux sacs-poubelle. J'ai appris que beaucoup de mes clients comparent entre eux le nombre de sacs-poubelle remplis et des objets qui font leur apparition dans leur maison. À ce jour, c'est un couple qui détient le record, avec 200 sacs-poubelle, sans compter 10 objets supplémentaires trop imposants pour tenir dedans. La plupart des gens éclatent de rire quand ils entendent ça et s'imaginent que ce couple dispose d'une très grande maison avec des espaces de rangement gigantesques. Mais non! Ils vivent dans un logement très ordinaire, comprenant quatre pièces et deux étages, qui présente certes une surface habitable légèrement supérieure à nombre de maisons japonaises en raison de la présence d'un grenier, mais la différence n'est pas considérable. Malgré beaucoup d'objets visibles de prime abord, ce logement ne semblait pas héberger beaucoup de choses inutiles. Autrement dit, n'importe quelle maison peut générer le même volume de déchets.

Lorsque mes clients trient et se débarrassent de leurs affaires, je n'autorise aucune pause. En moyenne, une personne seule produit 20 à 30 sacs-poubelle de 45 litres. Dans le cas d'une famille de trois personnes, ce chiffre avoisine les 70. Le nombre total de sacs-poubelle remplis depuis la création de mon cours dépasse les 28 000 et le nombre d'objets jetés doit dépasser le million. Cependant, malgré la diminution draconienne des biens, personne ne s'est jamais plaint d'un problème quelconque pour avoir jeté un objet. La raison à cela est limpide : jeter les objets qui ne procurent aucune joie n'engendre aucun effet néfaste. Lorsqu'ils ont fini de ranger, tous mes clients sont surpris de ne pas en pâtir au quotidien. Cela prouve qu'ils ont vécu pendant tout ce temps entourés de choses dont ils n'avaient pas besoin. Il n'existe aucune exception. Même les clients se retrouvant avec moins d'un cinquième de leurs biens à la fin du processus ressentent cela.

Bien entendu, je ne dis pas que mes clients n'ont jamais regretté d'avoir jeté quelque chose. Loin de là. Attendez-vous à ce que cela se produise au moins trois fois pendant le processus de rangement, mais n'en faites pas tout un monde. S'ils ont regretté d'avoir jeté quelque chose, ils ne s'en sont jamais plaints. Ils avaient déjà appris par expérience qu'un problème causé par un manque peut se résoudre en agissant. Lorsque mes clients me racontent qu'ils ont jeté un objet à tort, ils sont tous extrêmement enjoués. La plupart d'entre eux me disent en riant : « Pendant un moment, j'ai pensé que j'allais avoir des ennuis, mais j'ai alors pris conscience qu'il n'y avait pas mort d'homme. » Cette attitude n'est pas due à leur optimisme naturel et ne signifie pas qu'ils se moquent désormais de leur réaction en cas de manque, mais montre qu'ils ont changé d'état d'esprit en choisissant les objets à jeter.

Et si, par exemple, ils ont besoin du contenu d'un document parti à la poubelle ? Tout d'abord, puisqu'ils ont déjà diminué le nombre de documents en leur possession, ils pourront très vite confirmer qu'il a disparu, sans avoir à retourner toute la maison. Le fait de ne pas avoir besoin de chercher contribue grandement à faire baisser le stress. L'une des raisons pour lesquelles le fouillis nous ronge est qu'il nous faut entamer des recherches pour attester la présence de telle ou telle chose. Et, souvent, nous avons beau nous démener, nous sommes dans l'incapacité de trouver l'objet manquant. Une fois le volume d'affaires diminué et les documents rangés en un seul endroit, un coup d'œil suffit à dire s'il est là ou non. S'il a disparu, nous pouvons immédiatement passer à la vitesse supérieure et penser à une solution : demander à une connaissance, appeler l'entreprise ou chercher l'information par nous-mêmes. Une fois la solution trouvée, nous n'avons d'autre choix que d'agir. Et nous remarquons alors que le problème en question est incroyablement facile à résoudre.

Au lieu de subir le stress associé aux recherches menées en vain, nous prenons des mesures qui aboutissent souvent à des résultats positifs inattendus. Lorsque nous cherchons le document ailleurs, nous pouvons tomber sur de nouvelles informations. Quand nous contactons un ami, nous pouvons approfondir la relation entretenue avec lui ou ce dernier peut nous présenter un spécialiste du domaine. Plusieurs expériences de ce type nous apprennent qu'en passant à l'action, nous pouvons obtenir le moment venu l'information manquante. La vie devient tout de suite plus simple lorsque vous savez que tout se passera bien même s'il vous manque quelque chose.

Il existe une autre raison, la plus importante, pour laquelle les clients ne se plaignent jamais d'avoir jeté des choses : puisqu'ils ont continué d'identifier et de se débarrasser d'objets dont ils n'avaient pas besoin, ils ne font plus reposer sur les autres la responsabilité des décisions à prendre. En cas de problème, ils ne cherchent pas à le mettre sur le dos d'autrui ou d'une cause extérieure. Ils prennent désormais seuls leurs décisions et ont conscience que l'essentiel est de réfléchir à la mesure à prendre en toutes circonstances. Sélectionner et jeter ses affaires est un processus continu de prise de décisions reposant sur ses propres valeurs. Jeter permet d'améliorer sa capacité à décider. N'est-il pas dommage de louper l'occasion de bonifier cette qualité en jouant au collectionneur ? Lorsque je me rends chez mes clients, je ne jette jamais rien moi-même. Je les laisse toujours prendre la décision finale. Si je procédais à la sélection des objets à jeter à leur place, ranger ne rimerait à rien. C'est en mettant de l'ordre chez soi que l'on change d'état d'esprit.

Prenez-vous la peine de saluer votre maison ?

La première chose que je fais lorsque je visite la maison d'un client, c'est de la saluer. Je m'agenouille solennellement au centre de la maison et je m'adresse mentalement à elle. Je me présente brièvement (nom, adresse, profession), puis je demande son aide afin de créer un intérieur dans lequel la famille pourra vivre plus heureuse. Puis je m'incline. Ce rituel silencieux ne prend que 2 minutes et étonne mes clients.

J'ai pris cette habitude assez naturellement en me fondant sur les rituels respectés dans les temples shintoïstes. Je ne me souviens pas précisément quand j'ai commencé à faire cela. Mais je pense avoir été inspirée par le fait que l'attente fébrile perçue lorsqu'un client ouvre sa porte ressemble à l'atmosphère régnant à l'intérieur d'un lieu sacré. Vous pensez peut-être que ce rituel n'a qu'un effet placebo, mais j'ai remarqué une vraie différence en termes de vitesse de rangement quand je l'exécute.

Au fait, je ne porte aucun survêtement ou tenue de travail lorsque je range, mais plutôt une robe et un blazer. Bien qu'il m'arrive de revêtir un tablier, j'accorde la priorité à l'esthétique plutôt qu'au côté pratique. Certains clients sont surpris et craignent que j'abîme mes vêtements, mais je n'ai aucune difficulté à déplacer des meubles, monter sur des plans de travail et exécuter les autres tâches physiques qu'implique le rangement tout en étant bien habillée. C'est ma façon de témoigner du respect à la maison et à son contenu. Pour moi, ranger est une fête, des adieux adressés aux objets qui vont quitter la maison. Je m'habille donc en conséquence. Je suis certaine qu'en montrant un certain respect à travers la tenue que je porte et en commençant la séance de rangement en saluant la maison, celle-ci m'indiquera avec plaisir ce dont la famille n'a plus besoin et où ranger les objets destinés à rester, pour que la famille puisse vivre heureuse et à l'aise en son sein. Cette attitude accélère la prise de décision quand le moment est venu de trouver une place aux objets conservés et élimine le doute de tout le processus de rangement, afin que tout fonctionne comme sur des roulettes.

Vous ne vous sentez peut-être pas capable de faire cela. Vous estimez peut-être qu'il faut être un professionnel comme moi pour entendre ce qu'une maison a à dire. Mais c'est en fait le propriétaire qui comprend le mieux ses biens et son logement. Au fil des cours, mes clients commencent à voir clairement ce qu'ils doivent jeter et où vont les choses. Et c'est pour cela que la mission de rangement se déroule très bien et à bon train. Il existe une stratégie infaillible pour affiner votre capacité à savoir quels objets vous sont utiles et sont à leur place : saluer votre maison chaque fois que vous rentrez. C'est le premier devoir que je donne à mes élèves. Comme vous le feriez avec votre famille ou votre animal domestique, dites : «Salut! Je suis rentré!» à votre maison. Si vous oubliez de le faire quand vous rentrez, une fois que cela vous revient, vous pouvez dire : «Merci de me donner un toit.» Si cela vous gêne de dire ce genre de chose à voix haute, vous pouvez prononcer ces paroles mentalement.

Si vous le faites systématiquement, vous commencerez à sentir que votre maison vous répond. Vous sentirez le plaisir qu'elle ressent à travers une petite brise. Puis vous serez progressivement capable de savoir dans quelle partie votre maison souhaite que vous mettiez de l'ordre et où elle aimerait que vous rangiez les choses. Je sais que cela vous paraît carrément impossible, mais si vous ignorez cette étape, vous verrez que la mission se déroulera moins bien.

Le rangement doit consister essentiellement à restaurer l'équilibre entre les êtres humains, leurs biens et la maison dans laquelle ils vivent. Mais, en matière de rangement, les approches conventionnelles ont tendance à se focaliser uniquement sur la relation entre les personnes et leurs affaires, sans prêter attention au logement proprement dit. À mes yeux, la maison joue un rôle crucial car, lorsque je visite celle d'un client, je suis capable de sentir à quel point elle chérit les personnes qui vivent dedans. Elle est toujours là, à attendre que mes clients rentrent, prête à les abriter et à les protéger. Quel que soit leur degré de fatigue après une longue journée de travail, elle prend soin d'eux et fait tout pour les revigorer. Lorsqu'ils n'ont pas envie de travailler et qu'ils traînent dans le plus simple appareil, la maison les accepte comme ils sont. Vous ne trouverez personne de plus généreux et accueillant qu'une maison. Le processus de rangement est justement l'occasion de lui exprimer notre gratitude pour tout ce qu'elle fait pour nous.

Testez ma théorie, essayez de mettre de l'ordre dans votre maison en cherchant à la rendre heureuse. Vous serez surpris de la facilité avec laquelle vous êtes capable de prendre des décisions.

Vos biens souhaitent vous aider

J'ai passé plus de la moitié de ma vie à réfléchir au rangement. Je visite des maisons tous les jours et passe du temps face aux biens de leur propriétaire. Je ne pense pas qu'une autre profession me permettrait de découvrir tous les biens d'une personne ou d'étudier le contenu de placards et de tiroirs. J'ai beau avoir visité de nombreuses maisons, il n'existe pas deux modes d'agencement ou contenus identiques. Et pourtant, ces biens ont une chose en commun. Réfléchissez : pourquoi ces choses vous appartiennent-elles ? Si vous répondez : « Parce que je les ai choisies », « Parce que j'en ai besoin » ou : « Grâce à diverses coïncidences », toutes ces réponses sont correctes. Mais toutes les affaires que vous possédez, sans exception, ont un souhait, celui de vous être utiles. J'en suis certaine parce que j'ai étudié très attentivement des centaines de milliers d'objets dans ma carrière.

En y regardant de plus près, le destin qui nous lie aux choses que nous possédons est assez incroyable. Prenez un chemisier, par exemple. Même s'il a été produit en série dans une usine, l'exemplaire que vous avez acheté et rapporté chez vous est unique à vos yeux. Le destin qui nous a fait croiser la route de chacun de nos biens est aussi précieux et sacré que celui nous ayant rapprochés des personnes constituant notre entourage. Il existe une raison pour laquelle chacune de vos affaires vous a rencontré. Lorsque je partage ce point de vue, certaines personnes disent : « J'ai négligé cette tenue pendant tellement longtemps qu'elle est complètement froissée. Elle doit être remontée contre moi » ou : « Si je ne la mets pas, elle va me jeter un sort. » Mais, par expérience, je n'ai jamais rencontré un objet qui faisait des reproches à son propriétaire. Ces pensées émanent de la culpabilité éprouvée par le propriétaire et non des objets proprement dits. Mais que ressentent en réalité les choses qui ne nous mettent pas en joie ? Je pense qu'elles veulent tout simplement quitter la maison. Oubliées dans vos placards, elles savent mieux que quiconque qu'elles ne vous apportent aucune joie.

Tous vos biens tiennent à vous être utiles. Même si vous le jetez ou le brûlez, un objet laissera derrière lui l'énergie de son utilité. Libéré de sa forme physique, il évoluera dans votre univers sous forme d'énergie, en révélant aux autres objets que vous êtes une personne spéciale, et reviendra à vos côtés comme la chose la plus utile à l'individu que vous êtes actuellement, celle qui vous apportera le plus de bonheur. Un vêtement peut réapparaître sous la forme d'une nouvelle tenue particulièrement belle, d'une information ou d'une nouvelle relation. Je vous le promets : ce dont vous vous débarrassez revient par la suite vers vous à quantité égale, mais uniquement quand la chose en question ressent le désir de revenir à vos côtés. C'est pour cette raison que, lorsque vous jetez quelque chose, ne dites pas en soupirant : « Oh, je ne l'ai jamais utilisée » ou : « Désolé, je n'ai jamais trouvé le temps de me servir de toi. » Séparez-vous plutôt de cet objet en lui disant le cœur joyeux : « Merci de m'avoir trouvé » ou : « Bon voyage et à bientôt ! »

Séparez-vous des objets qui ne vous procurent plus aucune joie. Faites de votre séparation une cérémonie de départ vers de nouvelles aventures leur étant destinées. Fêtez l'événement en leur compagnie. Je suis sincèrement persuadée que nos affaires sont même plus heureuses et encore plus remplies d'énergie lorsqu'elles nous quittent que lors de leur entrée dans notre environnement.

L'endroit où vous vivez influe sur vous physiquement

Une fois le processus de rangement en cours, nombre de mes clients observent avoir perdu du poids ou vu leur ventre se raffermir. Il s'agit d'un phénomène très étrange, mais lorsque nous possédons moins de choses et que nous « désintoxiquons » notre maison, cette désintoxication se produit également dans notre corps.

Lorsque nous jetons d'un seul élan, ce qui suppose parfois de remplir 40 sacs-poubelle dans la journée, notre corps peut réagir comme si nous lui avions imposé un mini-jeûne. Il se peut alors que vous soyez pris d'une diarrhée ou ayez certaines manifestations physiques. Pas d'inquiétude, notre corps se débarrasse simplement de toxines qui se sont accumulées pendant plusieurs années et retrouvera ensuite son état normal, ou sera peut-être même en meilleure forme un ou deux jours plus tard.

L'une de mes clientes a rangé un placard négligé depuis 10 ans. Immédiatement après, s'est déclenchée une forte diarrhée, à l'issue de laquelle elle s'est sentie bien plus légère. Je sais qu'affirmer que le rangement peut faire maigrir ou vous éclaircir le teint fait penser à de la publicité mensongère, mais ce n'est pas forcément faux. Je ne suis malheureusement pas en mesure de vous montrer des photos de mes clients avant et après mon cours, mais j'ai vu de mes yeux leur apparence se modifier une fois leur intérieur rangé. Ils ont le visage plus fin, la peau plus éclatante et le regard plus brillant.

Quand j'ai démarré mon activité, ce phénomène m'intriguait. Mais, en y réfléchissant bien, je me suis rendu compte que cela n'avait rien d'étrange. Voici mon point de vue. Lorsque nous mettons de l'ordre dans notre maison, l'air y devient de meilleure qualité. En désengorgeant notre espace, nous faisons diminuer la quantité de poussière car nous nettoyons plus souvent. Lorsque le sol est visible, la poussière se remarque tout de suite et nous souhaitons alors la faire disparaître. Dans la mesure où le fouillis a disparu, le nettoyage est bien plus facile, donc fait plus à fond. L'air plus frais qui circule dans la pièce doit certainement être bon pour la peau. Faire le ménage implique d'exécuter des mouvements énergiques qui contribuent naturellement à la perte de poids et à l'entretien d'une certaine forme physique. Et lorsque notre intérieur est parfaitement propre, nous n'avons pas besoin de nous soucier du rangement et pouvons donc nous concentrer sur la deuxième priorité de notre vie. Nombre de personnes souhaitent être minces et en forme et se concentrent alors là-dessus. Elles commencent à marcher sur une plus longue distance et à manger moins. Ces résolutions permettent de perdre du poids sans pour autant suivre un régime.

Mais je pense que la principale raison pour laquelle le rangement a cet effet est la satisfaction éprouvée à travers ce processus. Après avoir rangé leur intérieur, de nombreux clients me confient que leurs désirs matériels ont diminué. Par le passé, quel que soit le nombre de vêtements possédés, ils n'étaient jamais contents et souhaitaient toujours avoir quelque chose de neuf à se mettre. Mais, après avoir uniquement conservé les objets qu'ils aimaient vraiment, ils avaient le sentiment d'avoir tout ce dont ils avaient besoin.

Nous amassons des choses matérielles pour la raison qui nous pousse à manger — satisfaire un besoin. Acheter sur une pulsion comme trop manger et boire sont des tentatives d'apaisement du stress. En observant mes clients, j'ai remarqué que lorsqu'ils jettent des vêtements superflus, leur ventre a tendance à fondre ; lorsqu'ils se débarrassent de livres et de documents, ils ont les idées plus claires et lorsqu'ils réduisent leur quantité de produits de beauté et rangent l'espace situé autour du lavabo et de la baignoire, leur teint est plus clair et leur peau plus douce. Bien que je n'aie aucune preuve scientifique pour étayer cette théorie, il est très intéressant de constater que c'est la partie du corps correspondant à l'endroit de la maison remise en ordre qui réagit. N'est-il pas merveilleux que le rangement de votre maison joue également sur votre beauté et votre santé et vous rende plus svelte ?

Le rangement vous rend plus chanceux

En raison de la popularité du *feng shui*, les gens me demandent souvent si le rangement va leur porter chance. Le *feng shui* est une méthode destinée à porter chance en organisant le cadre de vie d'une personne. Cet art a gagné en popularité au Japon il y a une quinzaine d'années et est désormais très connu. Pour beaucoup, le *feng shui* est la première raison pour laquelle ils s'intéressent à l'organisation et au rangement de leur logement. Je ne suis pas experte en *feng shui*, mais j'en ai étudié les bases lors de mes recherches sur le rangement. Libre à vous de croire ou non que cette discipline peut vous porter chance, mais les Japonais se servent depuis des lustres de leur connaissance en la matière et des principes d'orientation et les appliquent au quotidien. Par exemple, quand je plie puis range des vêtements sur chant dans un tiroir, je les dispose par couleur de façon à effectuer une gradation du sombre au clair. L'ordre adéquat consiste à placer les vêtements les plus clairs à l'avant du tiroir, puis à progresser vers les couleurs les plus sombres, situées au fond. Je ne sais pas dans quelle mesure ce principe porte chance, mais quand les vêtements sont disposés de la sorte, l'effet obtenu est génial lorsque vous ouvrez le tiroir. La présence des vêtements clairs à l'avant du tiroir semble apaiser leur propriétaire. Si vous organisez votre intérieur pour être à l'aise, dynamique et heureux chaque jour, vous pouvez dire que vous avez de la chance, non?

Les concepts associés au *feng shui* sont les forces du *yin* et du *yang* et les cinq éléments (métal, bois, eau, feu et terre).

Le principe de base est que tout objet dispose de sa propre énergie et doit être traité en fonction de ses caractéristiques. Tout cela me semble parfaitement naturel. La philosophie du *feng shui* est de vivre en symbiose avec les règles de la nature, tout comme mon approche du rangement. J'estime que le rangement a pour but de vivre le plus naturellement possible. Ne pensez-vous pas qu'il n'est pas naturel de posséder des choses qui ne nous procurent aucun plaisir ou ne nous sont pas utiles ? J'estime que le plus naturel est de posséder uniquement des objets que nous aimons et dont nous avons besoin.

En rangeant notre maison, nous pouvons vivre naturellement. Nous choisissons les choses qui nous procurent du plaisir et chérissons ce qui nous est vraiment précieux. Rien ne peut nous apporter plus de bonheur que d'agir de manière aussi simple et naturelle. Si on peut appeler ça de la chance, je suis convaincue que mettre de l'ordre dans sa maison est un bon moyen d'en bénéficier.

Comment identifier ce qui est réellement précieux

Lorsqu'un client a mené à son terme le processus de sélection des objets à garder et de ceux à jeter, il m'arrive de prendre quelques pièces de la pile « à garder », puis de redemander : « Ce T-shirt et ce pull, là, est-ce qu'ils vous mettent vraiment en joie ? » Surpris, mon client me dit systématiquement :

« Comment le saviez-vous ? Ces deux vêtements, je n'arrivais pas à me décider à les garder ou à les jeter. »

Je ne suis pas une spécialiste de la mode et je ne repère pas ces choses en fonction de leur ancienneté. Je suis capable de déterminer l'état d'esprit de leur propriétaire vis-à-vis d'eux à l'expression que ce dernier affiche – la façon dont il tient l'objet, la lueur dans ses yeux lorsqu'il les touche, la vitesse à laquelle il se décide. Il existe indubitablement une différence de réaction selon qu'il aime l'objet en question ou n'est pas sûr du choix à opérer. Face à un objet source de plaisir, sa décision est généralement instantanée, il le touche délicatement et a le regard qui brille. En revanche, si l'objet ne lui fait rien, ses mains s'immobilisent, il redresse la tête et fronce les sourcils. Après quelques instants de réflexion, il lui arrive de jeter l'objet sur la pile « à garder », mais avec une mine renfrognée. Le plaisir se traduit par une expression corporelle et ces signes physiques ne m'échappent jamais.

Mais, pour être honnête, je peux dire quels objets n'émeuvent pas mes clients sans même les regarder pendant le processus de sélection. Avant de me rendre chez eux, je leur donne une leçon particulière sur la « méthode de rangement KonMari ». Cette leçon a un impact important et, souvent, je m'aperçois lors de la première visite qu'ils ont déjà commencé à ranger. L'une de mes meilleures élèves, une femme d'une trentaine d'années, a jeté 50 sacs-poubelle avant que je lui rende visite pour la première fois. Elle a ouvert ses tiroirs et son placard et m'a dit fièrement : « Il ne reste plus aucune chose à jeter, ici!» Sa chambre avait assurément une allure différente par rapport aux photographies qu'elle m'avait montrées. Le pull qui avait été négligemment laissé sur la commode était désormais impeccablement rangé et nombre des robes entassées sur le portant avaient disparu, laissant désormais de l'espace aux survivantes. Pourtant, j'ai sorti une veste marron et un chemisier beige. Ils ne différaient guère des autres vêtements qu'elle avait décidé de garder, étaient tous deux en bon état et semblaient avoir été portés.

«Est-ce qu'ils vous mettent vraiment en joie?» lui ai-je demandé.

Son visage a changé d'expression instantanément. «Cette veste, j'aime bien sa coupe, mais j'en voulais vraiment une en noir et il n'y avait pas ma taille… Comme je n'avais pas de veste marron, je me suis dit que j'allais l'acheter quand même, mais, en fin de compte, elle ne m'allait pas et je ne l'ai mise que quelques fois. Pour ce qui est du chemisier, la coupe et la matière m'ont vraiment plu. J'en ai donc acheté deux. J'ai porté le premier jusqu'à son dernier souffle, mais, je ne sais pas pourquoi, je ne mets jamais l'autre.»

Je n'avais jamais vu son attitude vis-à-vis de ces vêtements et ne connaissais en rien les circonstances de leur achat. Je n'avais fait qu'observer minutieusement les vêtements suspendus dans sa penderie. En y regardant de plus près, vous pouvez commencer à percevoir si ces vêtements sont ou non source de joie pour leur propriétaire. Lorsqu'une femme est amoureuse, tout son entourage voit son attitude changer.

L'amour reçu de la part de son homme, la confiance que lui donne cet amour et son désir de faire son possible afin d'être belle pour lui donnent de l'énergie. Sa peau est rayonnante, ses yeux brillent et elle en devient même plus belle. Les objets aimés et choyés par leur propriétaire affichent une aura exprimant leur volonté d'être à son service. Les choses chéries brillent. Voilà pourquoi un simple coup d'œil me permet de dire si quelque chose met vraiment en joie. La véritable émotion réside dans le corps et les biens du propriétaire et ne peut donc être dissimulée.

Être entouré de choses source de joie vous rend heureux

Tout le monde a ses objets préférés, des choses dont on ne peut imaginer se séparer, même si d'autres personnes restent incrédules face à eux. Je vois chaque jour des choses précieuses aux yeux de mes clients et vous seriez effaré en découvrant ces objets étranges qui font chavirer de manière incompréhensible le cœur de leur propriétaire – un lot de 10 marionnettes à doigt, chacune avec un seul œil, différent les uns des autres, un réveil cassé ayant la forme d'un personnage de dessin animé, une collection de morceaux de bois flotté qui ressemble plus à un vulgaire tas de bois... Mais la réponse immédiate à ma question posée avec hésitation: «Et ceci... heu... ça vous met vraiment en joie?» est un «Oui!» catégorique. Inutile d'argumenter face à leur regard confiant et leurs yeux brillants, car moi aussi, je possède un objet de la sorte: mon T-shirt de Kiccoro.

Kiccoro (enfant de la forêt) était l'une des deux mascottes officielles de l'Aichi Expo 2005 sur le thème de l'amour de la planète et de la technologie écologique et renouvelable. La mascotte la plus grosse, Morizo, est peut-être plus connue. Kiccoro était l'acolyte de Morizo, petit personnage rondelet vert-jaune, et mon T-shirt ne montre que le visage de Kiccoro. Je le porte sans arrêt quand je suis chez moi. Je ne peux vraiment pas me résoudre à m'en séparer, même si les gens me tournent en ridicule en disant: « Comment peux-tu garder ça ? T'as pas honte ? Ce n'est vraiment pas féminin. Comment oses-tu porter ça ? Tu devrais le jeter. »

Je vais être claire. Les vêtements que je porte à la maison sont généralement jolis, souvent très féminins (des corsages avec plusieurs couches de volants roses et des ensembles en coton avec imprimés à fleurs). La seule exception est mon T-shirt de Kiccoro. C'est un vêtement curieux, vert fluo, représentant simplement les yeux mi-clos et la grande bouche de Kiccoro, et l'étiquette indique clairement que c'est une taille enfant. L'exposition ayant eu lieu en 2005, je le porte donc depuis plus de 8 ans, bien que n'ayant aucun souvenir émouvant de l'événement proprement dit. Le simple fait de lire ce que je viens d'écrire me donne honte de m'accrocher à cet objet. Mais, quand je le vois, il m'est impossible de le jeter. Dès que j'aperçois les adorables yeux ronds de Kiccoro, mon cœur bat plus vite.

Mes tiroirs sont organisés de façon que je puisse voir leur contenu d'un simple coup d'œil. Ce T-shirt fait tache parmi les élégants vêtements féminins, même si ça le rend plus attachant encore. Vous pourriez penser qu'en raison de son âge, il est tout détendu ou taché, mais pas du tout. Je n'ai donc aucune excuse de ce genre à faire valoir pour m'en débarrasser. Son étiquette indique qu'il a été fabriqué à l'étranger, ce que j'aurais pu trouver inacceptable pour une exposition organisée au Japon, mais je suis malgré tout incapable de m'en séparer.

C'est le genre de choses auxquelles vous devez vous cramponner courageusement. Si vous pouvez dire avec certitude « Je l'aime vraiment ! », quoi qu'en disent les autres et si vous êtes fier de le posséder, ne vous souciez pas du qu'en-dira-t-on. À vrai dire, je n'aimerais pas que l'on me voie avec mon T-shirt Kiccoro sur le dos. Mais je le garde pour le plaisir qu'il me procure, le petit gloussement qu'il provoque chez moi lorsque je le sors du tiroir pour le regarder, la satisfaction que je ressens quand Kiccoro et moi suons ensemble en faisant le ménage et nous demandons à quoi nous allons bien pouvoir nous attaquer.

Pour moi, il n'existe pas de plus grand bonheur que d'être uniquement entourée de choses que j'aime. Et vous ? Il vous suffit de vous débarrasser de tout ce qui ne vous va pas droit au cœur. Il n'existe pas de moyen plus simple pour être satisfait. On ne peut appeler ça que « la magie du rangement », non ?

Votre vraie vie commence après avoir mis en ordre votre maison

J'ai certes consacré un livre entier au rangement, mais le rangement n'est en réalité pas nécessaire. Vous n'allez pas mourir parce que votre maison n'est pas rangée et beaucoup de gens de par le monde se moquent comme de leur première chemise d'être incapables de mettre de l'ordre dans leur maison. Mais ces personnes ne se procureront jamais cet ouvrage, alors que vous, quelque chose vous a poussé à le lire. Cela signifie que votre désir de changer de situation, de repartir à zéro, d'améliorer votre mode de vie, d'être heureux et de resplendir est probablement grand. Voilà précisément pourquoi je peux vous garantir que vous serez capable de mettre en ordre votre maison. Lorsque vous avez choisi ce livre dans l'intention de faire du rangement, vous avez franchi un premier cap. Si vous avez lu son contenu jusqu'à cette page, vous savez ce qu'il vous reste à faire.

Les êtres humains ne sont capables de chérir qu'un nombre limité de choses à la fois. Dans la mesure où je suis à la fois paresseuse et distraite, je ne peux prendre soin de trop de choses. C'est la raison pour laquelle je tiens à chérir correctement les objets me tenant à cœur et aussi pourquoi j'ai consacré tant de temps au rangement. Je suis cependant persuadée qu'il vaut mieux ranger rapidement et en finir une bonne fois pour toutes. Pourquoi ? Parce que ranger ne peut être un but dans la vie.

Si vous jugez que le rangement doit être une tâche quotidienne, si vous pensez que vous devrez vous y coller toute votre vie, il est temps de vous réveiller. Je vous jure que le rangement peut s'effectuer à fond et rapidement, en une seule fois. Les seules tâches que vous devrez exécuter jusqu'à la fin de vos jours sont de choisir quoi garder et quoi jeter et d'aimer les choses que vous déciderez de conserver. Vous pouvez mettre votre maison en ordre maintenant et une fois pour toutes. Les seules personnes qui ont besoin de passer leur vie, année après année, à penser au rangement sont celles — comme moi — qui y trouvent du plaisir et ont à cœur de se servir de cette activité pour rendre le monde meilleur. Quant à vous, consacrez votre temps et ressentez de la passion pour ce qui vous procure le plus de plaisir, pour la mission qui est la vôtre dans la vie. Je suis convaincue que le fait de ranger votre maison va vous aider à trouver la mission qui parle à votre cœur. La vie ne démarrera vraiment qu'une fois votre maison en ordre.

POSTFACE

L'autre jour, je me suis réveillée avec le cou complètement bloqué et les épaules extrêmement raides. Je n'ai même pas pu me lever et j'ai dû appeler une ambulance. La cause n'était certes pas tout à fait claire, mais j'avais passé la veille chez une cliente à inspecter le placard situé au-dessus de sa penderie et à déplacer des meubles particulièrement lourds. Comme je n'avais rien fait d'autre, j'en ai conclu que j'avais fait trop de rangement. Je dois être le seul patient à avoir comme mention dans son dossier médical « trop de rangement ». Malgré tout, alors que j'étais allongée dans mon lit, en train de lentement récupérer la mobilité de mon cou, mes pensées étaient à 90 % tournées vers le rangement. Cette expérience m'a fait apprécier la capacité à regarder dans les placards haut perchés.

J'ai écrit ce livre parce que je souhaitais partager la magie du rangement, les émotions intenses qui m'envahissent quand je jette des choses qui ont rempli leur mission – des émotions qui ressemblent beaucoup à celles des étudiants à qui l'on remet leur diplôme –, le frisson que je ressens quand je perçois un « déclic », quand un objet rencontre son destin, et, surtout, l'air frais et pur qui envahit une pièce rangée ; c'est le genre de choses qui fait briller une journée ordinaire sans événement particulier.

J'aimerais profiter de l'occasion pour remercier tous ceux qui m'ont aidée à écrire ce livre, alors que ranger est la seule chose dont je sois capable : M. Takahashi, de Sunmark Publishing, ma famille, tous mes biens, ma maison. Je prie pour que la magie du rangement permette à plus de gens de ressentir la joie et la satisfaction de vivre entourés des choses qu'ils aiment.

Marie Kondo (KonMari)

INDEX

TABLE DES MATIÈRES

Suivez-nous sur le Web

Consultez nos sites Internet et inscrivez-vous à l'infolettre pour rester informé en tout temps de nos publications et de nos concours en ligne. Et croisez aussi vos auteurs préférés et notre équipe sur nos blogues !

EDITIONS-HOMME.COM
EDITIONS-JOUR.COM
EDITIONS-PETITHOMME.COM
EDITIONS-LAGRIFFE.COM